I

LIBERTÉ

INDIVIDUELLE,

DROITS DES CITOYENS.

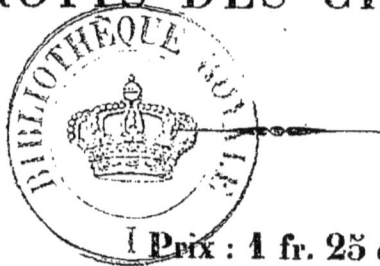

Prix : 1 fr. 25 c.

LIBERTÉ

INDIVIDUELLE,

DROITS DES CITOYENS.

A PARIS,

CHEZ G.-A. DENTU, IMPRIMEUR-LIBRAIRE,
RUE DU COLOMBIER, N° 21;
ET PALAIS-ROYAL, GALERIE D'ORLÉANS, N° 13.

1831.

LIBERTÉ

INDIVIDUELLE,

DROITS

DES CITOYENS.

LE malheur des temps a donné l'idée de réunir les principales dispositions éparses dans nos lois, et relatives aux droits des citoyens. Les plaintes qui surgissent de toutes parts, qui remplissent les colonnes des journaux, que font entendre en même temps les partis les plus opposés, l'en-

combrement des prisons, l'attitude journelle-
ment menaçante de certains fonctionnaires subalternes, nous ont inspiré ce travail fort simple, mais qui n'est pas sans utilité. Les principes
les plus incontestables sont aujourd'hui mécon-
nus par une autorité soupçonneuse et craintive.
Ainsi, en Angleterre, dont nous suivons si mal
les traditions en les invoquant, le domicile est
sacré. Les voyageurs parcourent tranquillement
tout le royaume, et ne subissent pas à chaque
poste les visites, les interrogatoires d'un rédac-
teur de procès - verbaux. En France, un passe-
port ne suffit plus pour traverser la province
avec sécurité. Un nom propre est une cause d'arrestation. Dans la confusion générale et les inquiétudes où nous vivons, tout semble être remis
en question, et le droit le mieux établi devient
souvent un problême. La loi est l'arme puissante
qui nous reste pour protéger nos personnes et
combattre l'arbitraire. Froide et impartiale, elle
a été faite pour le salut de tous. Elle réprime les
attentats à la liberté politique, à la liberté reli-
gieuse, à la liberté individuelle, à la propriété.
En rapprochant des textes, en offrant au public
un Manuel de nos droits les plus précieux, nous
donnerons peut - être à des hommes habiles la
pensée d'un ouvrage plus étendu. Nous exami-

nerons aussi quelques questions im, ortantes qui
deviennent usuelles dans notre époque d'indépendance , et concernant

1° Les visites domiciliaires ;

2° Les arrestations arbitraires;

3° Le désarmement des citoyens;

4° Les poursuites contre les agens du gouvernement.

*La liberté individuelle de tous les Français
est également garantie, personne ne pouvant
être poursuivi ni arrêté que dans les cas prévus
par la loi et dans la forme qu'elle détermine*
(Charte du 14 août 1830, art. 4.)

La loi des suspects n'a pas été rétablie.

C'est donc le Code pénal, pour le fond , et le
Code d'instruction criminelle, pour la forme, qui
régissent indistinctement tous les citoyens. Il est
indispensable qu'un texte en vigueur qualifie délit
ou crime le fait pour lequel un individu quelconque est troublé dans sa liberté.

« Le juge d'instruction, sur les réquisitions
« du procureur du roi, et même d'office, peut se
« transporter sur les lieux, procéder à des visites
« domiciliaires, saisir les pièces de conviction,
« décerner des mandats, enfin, prendre les me-

Les officiers de police judiciaire, autres que le juge d'instruction, ne peuvent faire ou ordonner des visites domiciliaires et des arrestations, que dans le cas de flagrant délit.

« sures convenables pour constater la vérité. »
(Code d'instruction criminelle, art. 57, 87, 91.)
Voilà le droit commun. Un magistrat spécial et
judiciaire, qui communique ses actes au ministère public, les soumet à une chambre du conseil, donne des garanties suffisantes aux prévenus
et à la société.

« Des dispositions exceptionnelles, exorbitan-
« tes, existent pour le cas de flagrant délit. »
(Art. 32 et suivans du Code d'instruction criminelle.) Le procureur du roi, après avoir prévenu
le juge d'instruction, peut agir de suite et isolé-
ment. Les officiers de police judiciaire, à l'exception des gardes-champêtres et forestiers, dont
les fonctions particulières sont déterminées, ont
la même latitude que le procureur du roi. Il y a
urgence : il est impossible de commettre une
erreur. Les faits sont constans : ils appellent la
prompte intervention de l'autorité.

Ce que l'on entend par flagrant délit.

*Le délit qui se commet actuellement ou qui
vient de se commettre est un flagrant délit.*

*Sera aussi réputé flagrant délit le cas où le
prévenu est poursuivi par la clameur publique, lorsqu'il est trouvé saisi d'effets, armes,
instrumens ou papiers, faisant présumer qu'il
est auteur ou complice, pourvu que ce soit
dans un temps voisin du délit.*

Est encore assimilé au flagrant délit le cas où le chef de maison réclame l'intervention du magistrat pour un crime ou délit commis dans l'intérieur de cette maison. (Code d'instruction criminelle, art. 41, 46.)

Les termes et l'esprit de la loi ne devraient pas avoir besoin d'explication ; souvent rien n'est moins légal que les actes des fonctionnaires de la légalité.

Il est important de préciser, de définir le flagrant délit.

« On ne peut concevoir, dit M. Dubard dans une excellente discussion, de flagrant délit, sans un fait matériel parfaitement clair, parfaitement caractérisé, tellement patent qu'il frappe les yeux et appelle l'attention immédiate du public et des magistrats. »

Ainsi, l'incendie qui n'est pas encore étouffé, l'assassinat qui vient d'être commis, la conspiration qui vient d'éclater, l'émeute qui se manifeste, sont des flagrans délits ; la pensée saisit facilement le fait et sa qualification... Mais lorsqu'il n'existe encore aucun complot pour le crime, quand on ne peut accuser pour ainsi dire que la pensée, la justice peut bien reconnaître une intention coupable, un crime capital même ; la raison se refuse à trouver un délit flagrant dans ce qui n'existe qu'en projet, dans ce qui n'a pas encore reçu d'exécution ; et si ce projet est coupable, si ce complot est criminel, il faut que les auteurs en soient poursuivis; mais il faut que la poursuite procède par les voies ordinaires, et que les fonctionnaires qui n'ont qu'un droit exceptionnel ne puissent usurper le rôle de juge d'instruction. (*Revue judiciaire,* année 1831, 9ᵉ livraison.) M. Dubard s'appuie de l'opinion de Carnot, sur l'art. 36 du Code d'instruction criminelle. Les autorités anciennes et nouvelles ne manqueraient pas.

Il y a encore un point sur lequel nous insisterons. Les préfets, les sous-préfets, et même leurs subalternes, sous le prétexte de trouver des armes, effets, instruméns, papiers, ordonnent ou font des visites domiciliaires. Ils cherchent ce qu'une circonstance fortuite aurait dû mettre d'abord en leur possession pour leur donner le droit d'agir sans l'intervention du juge d'instruction. Dans un cas ordinaire, ils opèrent extraordinairement. Avec de tels principes, ou plutôt dans l'absence des principes, il y aura toujours flagrant délit, et la police ne sortira pas de l'exception qui lui livre, à chaque instant, le domicile, la liberté de tous les citoyens.

Les sous-préfets On a vu, presque partout, les sous-préfets de

fabrique nouvelle prendre l'initiative, et se subs-
tituer à l'autorité compétente.

L'article 10 du Code d'instruction criminelle
autorise les préfets à requérir les officiers de police judiciaire, et à agir eux-mêmes en cette qualité. Des sous-préfets en ont conclu que ces attributions leur appartenaient : c'est une grave erreur.
L'article 10 est un article criminel tout spécial,
et un article criminel ne s'étend jamais. Par une
exception au principe, les préfets, à cause de la
hauteur de leurs fonctions, ont été introduits
dans l'ordre judiciaire : leurs agens sont restés à
la porte. Nous ne chercherons pas loin notre dé-
monstration. Les rapports des adjoints avec les
maires, des substituts avec les procureurs du roi,
sont plus intimes que ceux des sous-préfets avec
les préfets. On peut dire surtout que les fonctions des substituts sont les mêmes que celles de
leurs patrons. Un substitut n'agit en effet que
comme procureur du roi. L'article 9 du Code
d'instruction criminelle, en énumérant les officiers de police judiciaire, ne se contente pas de
nommer les maires et les procureurs du roi : cet
article porte, *les maires et leurs adjoints, les
procureurs du roi et leurs substituts.* Il est évi-
dent que l'article suivant, en ne désignant que
les préfets, a exclu les sous-préfets. Au surplus,

il a été décidé que les droits accordés aux préfets par l'article 10, sont inhérens à leur personne, et qu'ils ne peuvent déléguer ce pouvoir. (Sirey, 17, 2ᵉ p. 242.) Ils ont une autorité générale; celle des sous-préfets n'est que partielle. Voici une dernière autorité. Buonaparte passe à Saumur; on lui offre un banquet; il examine la liste des convives : il ne trouve pas sur cette liste le nom du maire; il lit celui du sous-préfet. Le maître efface celui du sous-préfet, et ajoute celui du maire, en disant : *Le maire est un magistrat, l'autre n'est qu'un commis.* Il n'y a pas eu appel de cet arrêt. On peut refuser sa porte à MM. les sous-préfets, et leur répondre : *Vous n'êtes pas des magistrats judiciaires.*

Formalités pour les visites domiciliaires et les arrestations.

En admettant la compétence de l'autorité qui se présente au domicile d'un prévenu pour procéder à une visite domiciliaire ou à une arrestation, voici les règles que le Code d'instruction criminelle a tracées, et dont il n'est pas permis de s'écarter :

Art. 32. « Dans tous les cas de flagrant délit, « lorsque le fait sera de nature à entraîner une « peine afflictive ou infamante, le procureur du « roi se transportera sur le lieu, sans aucun re- « tard, pour y dresser les procès-verbaux néces- « saires à l'effet de constater le corps du délit,

« son état, l'état de lieux, et pour recevoir les
« déclarations des personnes qui auraient été pré-
« sentes, ou qui auraient des renseignemens à
« donner.

« Le procureur du roi donnera avis de son
« transport au juge d'instruction, sans être toute-
« fois tenu de l'attendre, pour procéder ainsi
« qu'il est dit au présent chapitre. »

Art. 33. « Le procureur du roi pourra aussi,
« dans le cas de l'article précédent, appeler à
« son procès-verbal les parens, voisins ou domes-
« tiques présumés en état de donner des éclair-
« cissemens sur le fait; il recevra leurs déclara-
« tions, qu'ils signeront : les déclarations reçues
« en conséquence du présent article et de l'ar-
« ticle précédent, seront signées par les parties,
« ou, en cas de refus, il en sera fait mention. »

Art. 34. « Il pourra défendre que qui ce soit
« sorte de la maison, ou s'éloigne du lieu, jus-
« qu'après la clôture de son procès-verbal.

« Tout contrevenant à cette défense sera, s'il
« peut être saisi, déposé dans la maison d'arrêt;
« la peine encourue pour la contravention, sera
« prononcée par le juge d'instruction, sur les
« conclusions du procureur du roi, après que le
« contrevenant aura été cité et entendu, ou par
« défaut, s'il ne comparaît pas, sans cette for-

« malité ni délai, et sans opposition ni appel.

« La peine ne pourra excéder dix jours d'em-
« prisonnement et cent francs d'amende. »

Art. 35. « Le procureur du roi se saisira des
« armes et de tout ce qui paraîtra avoir servi ou
« avoir été destiné à commettre le crime ou le
« délit, ainsi que de tout ce qui paraîtra en avoir
« été le produit, enfin de tout ce qui pourra
« servir à la manifestation de la vérité : il inter-
« pellera le prévenu de s'expliquer sur les choses
« saisies qui lui seront représentées ; il dressera
« du tout procès-verbal, qui sera signé par le
« prévenu, ou mention sera faite de son refus. »

Art. 36. « Si la nature du crime ou du délit
« est telle, que la preuve puisse vraisemblable-
« ment être acquise par les papiers ou autres
« pièces et effets en la possession du prévenu, le
« procureur du roi se transportera de suite dans
« le domicile du prévenu, pour y faire la per-
« quisition des objets qu'il jugera utiles à la ma-
« nifestation de la vérité. »

Art. 37. « S'il existe dans le domicile du pré-
« venu des papiers ou effets qui puissent servir
« à conviction ou à décharge, le procureur du
« roi en dressera procès-verbal, et se saisira des-
« dits effets ou papiers. »

Art. 38. « Les objets saisis seront clos et ca-

« chetés, si faire se peut, ou s'ils ne sont pas sus
« ceptibles de recevoir des caractères d'écriture,
« ils seront mis dans un vase ou dans un sac, sur
« lequel le procureur du roi attachera une bande
« de papier qu'il scellera de son sceau. »

Art. 39. « Les opérations prescrites par les
« articles précédens seront faites en présence du
« prévenu, s'il a été arrêté; et s'il ne veut ou ne
« peut y assister, en présence d'un fondé de pou-
« voir qu'il pourra nommer. Les objets lui seront
« présentés à l'effet de les reconnaître et de les
« parapher, s'il y a lieu; et, au cas de refus, il
« en sera fait mention au procès-verbal. »

Art. 40. « Le procureur du roi, audit cas de
« flagrant délit, et lorsque le fait sera de nature
« à entraîner peine afflictive ou infamante, fera
« saisir les prévenus présens contre lesquels il
« existerait des indices graves.

« Si le prévenu n'est pas présent, le procureur
« du roi rendra une ordonnance à l'effet de le
« faire comparaître; cette ordonnance s'appelle
« *mandat d'amener.*

« La dénonciation seule ne constitue pas une
« présomption suffisante pour décerner cette or-
« donnance contre un individu ayant domicile.

« Le procureur du roi interrogera sur le champ
« le prévenu amené devant lui. »

Art. 42. « Les procès - verbaux du procureur
« du roi, en exécution des articles précédens,
« seront faits et rédigés en la présence et revêtus
« de la signature du commissaire de police de
« la commune dans laquelle le crime ou le délit
« aura été commis, ou du maire, ou de l'adjoint
« du maire, ou de deux citoyens domiciliés dans
« la même commune.

« Pourra néanmoins le procureur du roi dres-
« ser les procès-verbaux, sans assistance de té-
« moins, lorsqu'il n'y aura pas possibilité de s'en
« procurer tout de suite.

« Chaque feuillet du procès-verbal sera signé
« par le procureur du roi, et par les personnes
« qui y auront assisté. En cas de refus ou d'im-
« possibilité de signer de la part de celles-ci, il
« en sera fait mention. »

Art. 45. « Le procureur du roi transmettra,
« sans délai, au juge d'instruction, les procès-
« verbaux, actes, pièces et instrumens dressés
« ou saisis en conséquence des articles précédens,
« pour être procédé ainsi qu'il sera dit au cha-
« pitre *des juges d'instruction;* et cependant le
« prévenu restera sous la main de la justice *en*
« *état de mandat d'amener.* »

Art. 93. « Dans le cas de mandat de compa-
« rution, il interrogera de suite; dans le cas de

« mandat d'amener, dans les vingt-quatre heures
« au plus tard. »

Le législateur n'a pas voulu que l'inculpé lan-
guît long-temps sans connaître les motifs de son
arrestation, et sans être à même de se justifier.
On nous assure que les détentions se prolongent,
sans interrogatoires, bien au-delà du temps fixé
à l'interrogateur, et que la longueur d'un secret
rigoureux épuise les forces morales des détenus.
La prison solitaire est une cruelle torture. Une
circulaire de la restauration, à la date du 10 février 1819, recommande la circonspection dans
les arrestations, de la célérité dans les procédu-
res, et d'instruire tous les mois le ministre des
défenses de communiquer. On était sobre alors
d'un supplice commun aujourd'hui. Il paraît que
les grandeurs récentes répudient l'héritage de
leurs prédécesseurs, et qu'elles ne descendent pas
aux détails de la geôle. La police des prisons appartient à l'autorité administrative : elle délivre
les permissions de visiter les détenus; le juge
d'instruction interdit pour un temps, s'il le
trouve convenable, toute relation avec l'inculpé.
La division de ces deux pouvoirs établissait un
contrôle naturel et nécessaire. A Paris, les juges
d'instruction, pendant l'information, donnent
l'autorisation et la défense de communiquer. Il

résulte de cette confusion un encombrement dans les antichambres du juge et un absolutisme funestes aux malheureux prisonniers.

Art. 97. « Les mandats de comparution, d'a-
« mener, de dépôt ou d'arrêt, seront notifiés par
« un huissier, ou par un agent de la force pu-
« blique, lequel en fera l'exhibition au prévenu,
« et lui en délivrera copie.

« Le mandat d'arrêt sera exhibé au prévenu,
« lors même qu'il serait déjà détenu, et lui en
« sera délivré copie. »

Art. 99. « Le prévenu qui refusera d'obéir au
« mandat d'amener, ou qui, après avoir déclaré
« qu'il est prêt à obéir, tentera de s'évader, de-
« vra être contraint.

« Le porteur du mandat d'amener emploiera,
« au besoin, la force publique du lieu le plus
« voisin.

« Elle sera tenue de marcher, sur la réquisi-
« tion contenue dans le mandat d'amener. »

Art. 106. « Tout dépositaire de la force pu-
« blique, et même toute personne, sera tenu de
« saisir le prévenu surpris en flagrant délit, ou
« poursuivi, soit par la clameur publique, soit
« dans les cas assimilés au flagrant délit, et de
« le conduire devant le procureur du roi, sans
« qu'il soit besoin de mandat d'amener, si le

« crime ou délit emporte peine afflictive ou in-
« famante. »

Art. 107. « Sur l'exhibition du mandat de
« dépôt, le prévenu sera reçu et gardé dans la
« maison d'arrêt établie près le tribunal correc-
« tionnel; et le gardien remettra à l'huissier, ou
« agent de la force publique chargé de l'exécu-
« tion du mandat, une reconnaissance de la re-
« mise du prévenu. »

Art. 112. « L'inobservation des formalités
« prescrites pour les mandats de comparution,
« de dépôt, d'amener et d'arrêt, sera toujours
« punie d'une amende de cinquante francs au
« moins contre le greffier, et, s'il y a lieu, d'in-
« jonctions au juge d'instruction et au procureur
« du roi, même de prise à partie s'il y échet. »

Que d'infractions à ces dispositions! Une circulaire de la restauration, à la date du 18 mai
1819, enjoignait encore de ne jamais arrêter un
prévenu qu'après la notification du mandat : aujourd'hui, on procède largement; et *pour le
plus grand bien de tous,* on sacrifie les libertés
individuelles. Nous pourrions accumuler les cita-
tions; nous parlerons seulement de M. Coudé.
Le 16 juillet dernier, une brigade tumultueuse
s'est emparée de sa personne, sans lui signifier ni
lui exhiber aucun mandat; on l'a conduit succes-
sivement au colonel de gendarmerie et au préfet

de police, qui ont refusé de le recevoir; il est resté ainsi durant deux jours dans une prison, l'anti-chambre de M. Vivien. Le 18 juillet, on a signi-fié à M. Coudé *un mandat d'amener, à la date du 18 juillet*. Ce mandat était bien inutile; car de-puis 48 heures l'inculpé était, nous ne dirons pas sous la main de la justice, mais à la préfecture, perdu au milieu d'une grande fournée politique. M. Coudé a été dix-neuf jours au secret. Au mo-ment où nous écrivons, M. le comte de Lapelin est renfermé étroitement à Sainte-Pélagie. De-puis un mois son jeune fils, surveillé nuit et jour, privé des moyens d'écrire, condamné à la plus sévère solitude, n'a pas même la consolation d'a-doucir la douloureuse captivité de son vieux père: la même prison les rassemble, sans qu'il leur soit permis de confondre leurs souffrances. Nous ne connaissons pas les inculpations qui pèsent sur MM. de Lapelin et M. Coudé; nous aimons à croire à leur innocence : mais s'ils étaient cou-pables, nous gémirions encore sur les rigueurs dont les premiers sont l'objet, et l'arrestation de M. Coudé ne serait pas moins une illégalité pu-nissable et révoltante. M. de Lapelin fils a été à Paris trente et un jours au secret, et dix jours en Bretagne (1).

(1) Nous apprenons à l'instant que M. de Lapelin père a été extrait de Sainte-Pélagie, et conduit à son domicile, où une vi-

MISE AU SECRET.

Un auteur dont le nom fait autorité, M. Pardessus, a prouvé en 1818 que la mise au secret est une mesure arbitraire, et qu'on ne peut, sans délit, isoler entièrement le prisonnier de ses parens, de ses amis, de son défenseur. Nous sommes obligés d'analyser très-succinctement la consultation du savant jurisconsulte.

Le Code pénal du 6 octobre 1791 avait créé la peine de la gêne, qui consistait en ce que le condamné était renfermé seul dans un lieu éclairé, sans fers ni liens, et sans communication avec les autres détenus et les personnes du dehors. Des prévenus en mandat de dépôt ne sauraient, sans abus d'autorité, être, par simple mesure d'instruction, assujettis à des privations qui, en 1791, ont paru assez graves pour être infligées à ceux qui attentaient à la liberté publique ou individuelle. Le Code d'instruction criminelle ne renferme qu'un seul cas où un détenu puisse être mis au secret. On lit dans l'article 614 : « Si « quelque prisonnier use de menaces, injures ou « violences, soit à l'égard du gardien et de ses

site a été faite *au milieu de la nuit*. Les meubles auraient été brisés et l'appartement dévasté, sans autre résultat qu'un dommage pour M. de Lapelin. Se ferait-on un jeu des illégalités?

« préposés, soit à l'égard des autres prisonniers ;
« il sera, sur les *ordres de qui il appartiendra,*
« *resserré plus étroitement, enfermé seul,* même
« mis aux fers, en cas de fureur ou de violence
« grave. » Le Code, en n'indiquant aucun autre
cas, a suffisamment interdit cette mesure. On
objectera que ce droit de mettre au secret est accordé par l'article 80 de l'acte dit *Constitution*
du 22 frimaire an VIII, inséré dans l'article 615
du Code d'instruction criminelle ; par l'art. 618
du même Code, et enfin par l'article 120 du
Code pénal. Le législateur n'a pas eu pour objet
de régler le droit des magistrats ; mais il a
voulu préciser quand un geolier serait coupable
d'attentat à la liberté individuelle, en refusant
de présenter un détenu, et par quelle cause il
pourrait le justifier. Un geolier doit obéir. Il n'est
pas coupable s'il montre un *ordre.* Cette disposition se retrouve dans l'article 114 du Code pénal, en faveur de ceux qui exécutent des actes
arbitraires quelconques par *ordre* de leurs supérieurs. Les articles cités ne disent pas : « Le procureur du roi, le juge pourront en tel ou tel cas,
ou si bon leur semble, mettre les détenus au secret. » De ce qu'un droit serait indiqué dans une
loi qui n'a pas pour objet ni de le constituer ni
d'en déterminer l'exercice, on ne peut en con-
clure l'existence et s'en permettre l'usage. Le di-

vorce fut annoncé en principe long-temps avant qu'une loi en déterminât le cas, les formes, les effets. Si le droit existait, il faudrait au moins qu'une loi en organisât l'exercice, et cette loi n'existe pas. Est-ce le procureur du roi, est-ce le juge qui ordonnera le secret, ou tous deux cumulativement, ou les amis sur la même ligne? Comment s'entendront-ils? Qui statuera sur leurs conflits? Devant qui porter appel de leurs décisions? Le procureur-général n'est que le surveillant du procureur du roi : si ce dernier a le droit de rendre une ordonnance, sur ce point il n'a plus de chef. Il faudra donc attendre la fin de l'information, la décision de la chambre du conseil. Même inconvénient si l'ordre émane du juge. Le système du secret repose sur trois articles semblables, qui n'offrent aucune distinction. Si le détenu est au secret, comment usera-t-il du droit que lui accorde l'article 217 du Code d'instruction criminelle, de fournir des Mémoires justificatifs? Un conseil est indispensable. Tout ce que la loi ne permet pas au magistrat, elle le lui défend. Personne ne communique avec le prévenu pendant l'interrogatoire. Si le magistrat n'a pas le temps d'achever, il renvoie à la Conciergerie l'inculpé, qui est réputé dans la compagnie du juge qui l'interroge, et reste dans la même situation; mais aussi, dans ce cas, il n'y

à rien d'*arbitraire* ni d'*indéfini*. Ce n'est pas *quand il voudra* que le juge instructeur tiendra l'accusé sans communication, ce sera seulement avant la clôture de l'interrogatoire ; ce ne sera pas *tant qu'il voudra*, mais seulement jusqu'à ce que l'interrogatoire soit achevé. On invoquera l'usage. Quelque long et uniforme que soit un usage vicieux, on ne peut admettre ni fins de non recevoir contre la vérité, ni prescription contre la volonté de la loi ; et nul n'a le droit d'étouffer son texte ou de suppléer à son silence.

Cette consultation, très-motivée, fut faite à l'occasion de l'arrestation du général Canuel. L'autorité en eut connaissance, et n'attendit pas qu'on la rendît publique par la voie de l'impression. On leva le secret.

Les moyens à prendre contre l'auteur d'une arrestation arbitraire.

On désire connaître les moyens licites pour repousser une arrestation illégale. *On ne peut employer la force contre un prévenu qu'avec un mandat et s'il y a eu refus d'obéir.* La résistance contre un fonctionnaire quelconque qui agit sans mandat, sans flagrant délit, est donc une légitime défense. Ce fonctionnaire n'est plus alors l'homme de la loi ; il se rend coupable d'un crime, et il est permis de repousser la violence par la violence. Toutefois, la voie judiciaire nous paraît préférable à l'emploi de la force. Nous ne

conseillons pas une résistance armée contre l'autorité. Il y a lieu à la dégradation civique envers
l'agent du gouvernement qui s'est rendu auteur
d'un attentat à la liberté individuelle. (Code pénal, art. 114.) On déposera une plainte au parquet
de M. le procureur-général et entre les mains de
M. le premier président. La Cour a le droit d'en-
joindre au procureur-général de poursuivre.

DÉSARMEMENT DES CITOYENS.

Qu'après une commotion subite et terrible, le
sol tremble encore; que le gouvernement qui se
place lui-même entre deux partis redoutables
craigne la guerre civile et qu'il cherche à la prévenir par tous les moyens possibles, c'est pour
lui un droit : nous dirons plus, c'est un devoir.
Mais nous nions à ses agens la faculté d'exercer
ces explorations brutales qui n'ont d'autre légi-
timité que la peur : c'est sous ce point de vue
que nous prenons la question. Notre langage sera
celui des lois. Sur plusieurs points de la France,
on fouille le château, on envahit la chaumière.
Non seulement les armes de guerre sont enlevées, le fusil de chasse et le fusil d'honneur ne
sont même pas épargnés. La poudre à tirer est

aussi l'objet d'une inquisition militaire. On se demande où est la loi martiale qui commande de telles mesures.

De nombreux édits, et notamment ceux de décembre 1558, juillet et octobre 1561, l'ordonnance de 1669, ont défendu le port d'armes. Nées au milieu de nos discordes et pour arrêter l'effusion du sang, ces vieilles dispositions ont disparu. Les peines mêmes qu'elles prononcent les abrogent suffisamment.

L'argument de ceux qui mettent la France armée en état de suspicion est puisé dans l'article 484 du Code pénal, ainsi conçu : *Dans toutes les matières qui n'ont pas été réglées par le présent Code, et qui sont régies par des lois et règlemens particuliers, les Cours et les Tribunaux continueront à les observer.* La ma-

tière a été réglée par le Code pénal. L'article 314 punit d'un emprisonnement celui qui fabrique ou débite des stilets, tromblons ou quelque espèce que ce soit d'armes prohibées par la loi ou par des règlemens d'administration publique. Le porteur de ces armes encourt une amende. Elles sont confisquées. Toutes les armes qui ne sont pas désignées dans cet article, et que des règlemens d'administration publique ne prohibent pas, peuvent être dans les mains des citoyens.

Remarquez ensuite ces mots : *Ceux qui seront porteurs d'armes.* L'autorité n'a donc d'action que contre ceux qui portent des armes, ce
qui exclut ces fouilles outrageantes que la vic-
toire inquiète permet tout au plus à des vain-
queurs en pays ennemi. Chaque citoyen peut
conserver chez lui toute espèce d'armes, soit
pour sa sûreté et même par curiosité. L'article 101 définit le mot *armes;* l'article 268 punit
de la réclusion ceux qui fournissent des armes
aux malfaiteurs; l'article 471, n° 7, prévoit encore l'oubli, dans les champs, de certaines armes
dont pourraient abuser les voleurs. Là s'est arrêté, dans ses prévisions de sûreté publique, le
pouvoir ombrageux qui a créé le Code de 1810.

D'autres lois et décrets, exécutés par les Tribunaux, existent encore; mais ces lois, ces décrets sont relatifs à la chasse, et ne renferment
véritablement que des dispositions fiscales. Elles
confirmeraient, au besoin, le droit qu'a chaque
Français d'être armé pour sa défense personnelle.
La loi du 11 août 1789 abolit, en thèse générale,
la prohibition de la chasse. Elle rétablit le droit
naturel de détruire sur ses possessions le gibier
et les bêtes fauves qui y causent du dommage.
La loi du 30 août 1790 règle ce droit de chasse,
et fixe les peines contre les délinquans. Elle pro-

nonce des amendes et la confiscation de l'arme. Ceux qui enlèvent durement et sans formalités le fusil poudreux suspendu à la cheminée du laboureur pour protéger ses récoltes, n'ont sans doute pas lu l'article 5 : *Dans tous les cas, les armes avec lesquelles la contravention aura été commise seront confisquées,* SANS NÉANMOINS QUE LES GARDES PUISSENT DÉSARMER LE CHASSEUR. Ainsi, malgré l'évidence du fait que la loi condamne, un citoyen ne peut être provisoirement dépouillé de son arme : il faut un jugement pour l'en priver. Dans ce cas même, la loi n'ordonne pas une perquisition. Le condamné a le choix de déposer son arme ou de payer une somme qui ne saurait excéder 50 francs. Si quelques doutes naissaient encore, ils seraient levés par le décret du 4 mai 1812. Il suffit de lire l'article 1er : « Quiconque sera trouvé *chassant* « et ne justifiant point d'un permis *de port d'ar-* « *mes de chasse,* délivré conformément à notre « décret du 11 juillet 1810, sera traduit devant « le Tribunal de police correctionnelle, etc. » Le fait seul de chasser sans permis *de port d'armes de chasse* forme le délit. Aussi, les juges qui entendent les témoins produits par le ministère public demandent quelle était l'attitude du prévenu, si son fusil était armé, s'il avait une carnassière, s'il appuyait des chiens, enfin, s'il poursuivait le gibier. La loi est formelle, et la jurisprudence ne l'est pas moins. On exige un permis de *port d'armes de chasse*, et non pas de *port d'armes*, ce qui est bien différent.

Lorsque tout fléchissait devant la volonté despotique du chef du gouvernement, la police n'obtint pas le désarmement des citoyens. Nous citerons un avis du conseil d'Etat du 17 mai 1811 :

L'empire refuse le désarmement des citoyens.

« Le conseil d'Etat, qui, d'après le renvoi
« ordonné par Sa Majesté, a entendu le rapport
« du ministre de la police, tendant à établir qu'il
« est nécessaire de se pourvoir de permis pour
« exercer la faculté de porter en voyage des ar-
« mes pour sa défense personnelle,

« Est d'avis qu'il n'y a pas lieu à statuer sur
« la proposition du ministre de la police ;

« Que *les gens non domiciliés, vagabonds et*
« *sans aveu, doivent seuls être examinés* et pour-
« suivis par la gendarmerie et tous les officiers
« de police lorsqu'ils sont porteurs d'armes, à
« l'effet d'être désarmés et même traduits devant
« les tribunaux, pour être condamnés, suivant
« les cas, aux peines portées par les règlemens. »

Un arrêt de la Cour de cassation, du 6 août 1824, a cassé, il est vrai, un arrêt du 8 juillet précédent, de la Cour royale de Lyon, qui avait renvoyé Balmont et Blanc, poursuivis pour délit de port d'armes. Mais la Cour suprême, en décidant que des pistolets de poche étaient des armes prohibées, n'a fait que sanctionner le droit général dont elle a rappelé l'exception posée par l'article 314 du Code pénal. Nous trouvons même ici la confirmation de ce que nous avons avancé plus haut, en soutenant que les anciennes lois sont abrogées. Un décret du 12 mars 1806 avait remis à exécution les prohibitions du 23 mars 1728, et renvoyé au Code pénal pour la peine. Le chef de l'Etat usait du droit accordé par l'article 314 précité, de faire des règlemens d'administration publique sur une matière déterminée.

On objectera une ordonnance royale du 24 juillet 1816, qui défend de *détenir,* de *vendre,* d'*acheter* des armes de guerre, sous peine d'amende et d'emprisonnement fixés par la même ordonnance. Il faut l'examiner sous deux points de vue,

1° Les peines qu'elle prescrit;

2° Les prohibitions contre les armes de guerre.

L'ordonnance dont il s'agit ne peut créer une peine : c'est ce qui a été décidé par la Cour royale de Paris, en décembre 1827 (voir la *Gazette des tribunaux,* affaire Vacheron). Sa partie pénale n'est pas exécutoire : c'est ce qui

résultait de la Charte de 1814; c'est ce qui doit
résulter plus virtuellement encore de la Charte
de 1830. On peut soutenir que les prohibitions contre les armes de guerre rentrent dans
l'article 314 du Code pénal, et qu'elles ne peuvent être confisquées que lorsqu'il y a fabrication, délit, ou port d'armes. L'ordonnance du
24 juillet n'est qu'un règlement d'administration publique, et ne peut ajouter les mots *déte-*
nir et *acheter,* qui ne se trouvent pas dans le
Code pénal. Une perquisition est, en effet, une
peine, un envahissement du domicile, un trouble
dans la famille, une atteinte à la liberté. L'article 2 du décret du 14 décembre 1810 prononce
la saisie des armes de commerce qui ont le calibre
de guerre : mais ce décret ne parle nullement de
perquisition; et les mots *armes de commerce*
supposent une exposition publique, une vente.
Toutefois, en admettant la solution la plus favo-
rable aux exigences et aux inquiétudes de l'autorité, il reste constant que les fusils qui ne sont
pas de calibre, que les armes qui ne sont pas des
armes de guerre sont la propriété inviolable de
tous les citoyens.

Nous terminerons cette partie de nos recher-
ches, en rappelant un fait qui prouvera jusqu'à
quel point la restauration respectait les lois que

La
restauration
refuse
le
désarmement
de la Corse.

l'on viole aujourd'hui avec si peu de ménage-
mens. En Corse, le meurtre est souvent un point
d'honneur ; l'injure ne s'efface qu'avec du sang.
Des familles se déclarent la guerre, et lèguent à
leurs descendans la vengeance et la mort. Une
justice exceptionnelle gouvernait l'île, et le jury
n'y était pas admis. La multiplicité des assassi-
nats et des rencontres sanglantes éveillait les
plaintes du gouverneur et des autorités. Sous le
ministère de M. de Serres, ils sollicitèrent le désarmement de la Corse, et indiquèrent les moyens
de parvenir à ce résultat. Les raisons d'humanité
et de sûreté publique ne manquaient pas ; une
commission, formée dans le sein du conseil d'E-
tat, fut consultée : elle n'hésita pas à repousser
une proposition que de nobles sentimens avaient
dictée ; mais qui était contraire à la loi, plus
puissante que toutes les considérations. La même
demande a été écartée par le ministère du 8 août.
On adopte contre la France des mesures avec
lesquelles on ne voulait pas humilier la Corse.

Sous le ministère de M. de Villèle, la garde
nationale de Paris a été dissoute : elle n'a pas été
désarmée.

Poudre
à
tirer.

Chaque ville, chaque hameau, chaque maison
est livrée à l'autorité du sabre, et mise en état
de siége. Sans droit, on confisque les armes ; et

dans une préoccupation bien malheureuse, on
cherche des conspirateurs et de la poudre jusqu'au fond des marais. Examinons où doit s'étendre et s'arrêter une poursuite de cette nature.
La permission d'avoir des armes entraîne celle
d'avoir de la poudre; sa fabrication, sa vente est
naturellement soumise au gouvernement. Voici
quelques dispositions de la loi du 13 fructidor
an v :

Art. 14. « Il est interdit aux citoyens qui n'y
« seraient pas autorisés, de conserver chez eux
« de la poudre au-delà de la quantité de cinq
« kilogrammes (environ dix livres un quart).

« La surveillance de ces dispositions est con-
« fiée aux administrations départementales et mu-
« nicipales, aux commissaires du Directoire exé-
« cutif près d'elles, et aux officiers de police. »

Art. 15. « Lorsque l'une de ces autorités ou
« les préposés de l'administration des poudres
« auront connaissance d'une violation du précé-
« dent article, ils requerront la municipalité du
« lieu de prendre les moyens nécessaires pour
« constater les délits.

Art. 16. « La municipalité sera tenue de dé-
« férer à cette réquisition. En conséquence, elle
« fera procéder à une visite dans la maison dési-
« gnée, si les circonstances du fait l'exigent. Cette

« visite ne pourra s'exécuter que par deux offi-
« ciers municipaux, accompagnés d'un commis-
« saire de police, en plein jour, et seulement
« pour l'objet énoncé en la présente loi, confor-
« mément à l'article 359 de la Constitution.

« Dans les communes où il n'y a pas de mu-
« nicipalité, cette visite sera faite par l'agent mu-
« nicipal et son adjoint, lesquels se feront assis-
« ter de deux citoyens du voisinage.

« Dans le cas de conviction, l'affaire sera ren-
« voyée aux tribunaux, qui feront la poursuite
« suivant les lois (1).

Art. 18. « Tout citoyen qui vendrait de la
« poudre sans y être autorisé, sera condamné à
« une amende de 500 fr. ; et celui qui conserve-
« rait chez lui plus de cinq kilogrammes (ou
« environ dix livres un quart), à une amende
« de 100 fr.

« Dans l'un et l'autre cas, les poudres seront
« confisquées.

(1) Cet article nous fournit une observation. Le législateur ordonne des perquisitions pour la poudre de guerre : il eût également prescrit cette mesure pour les armes de guerre, qu'il défend de détenir et vendre, si telle avait été son intention; il
eût, comme dans la loi du 13 fructidor an v, indiqué les autorités et les formes à suivre. Pour rechercher la poudre, il faut
*deux officiers municipaux, un commissaire de police, en plein
jour.*

Art. 3o. « Tout voyageur ou conducteur de
« voitures qui transportera plus de cinq kilo-
« grammes de poudre, sans pouvoir justifier leur
« destination par un passe-port de l'autorité com-
« pétente, sera arrêté et condamné à une amende
« de 10 fr. par livre, avec confiscation de la pou-
« dre et des chevaux et voitures, etc.

« Néanmoins, dans la distance de deux lieues
« des frontières, les citoyens resteront soumis à
« tout ce qui est prescrit par les lois pour la cir-
« culation dans cette étendue. »

Un décret du 23 pluviose an XIII interdit toute
vente de poudre de guerre. L'article 4 punit
d'une amende de 3000 fr. tout individu qui est
trouvé nanti d'une quantité quelconque de poudre de guerre.

Il résulte donc de ces lois et décrets qu'il est
permis à chaque citoyen d'avoir en sa possession
des armes et dix livres de poudre de chasse. Nous
apprenons cependant que les communes sont
fouillées en masse comme une terre de criminels ; les armes seraient violemment saisies ; aucun jugement n'interviendrait ; il n'en serait
rendu aucun compte. Cependant, les perquisitions générales ne sont justifiées par aucune loi ;
elles sont une violation de la liberté et de la propriété. Pour s'introduire chez un citoyen, il faut

un magistrat, une dénonciation, un fait qualifié crime ou délit. Il faut enfin que l'arme dont on s'empare se rattache à l'objet de la plainte, et serve au procès de pièce de conviction.

Impôts vexatoires et illicites.

Il paraît que des maires délivrent aux soldats répandus dans les campagnes des billets de rafraîchissemens; des villages sont occupés militairement; l'ignorance ou la prévarication d'un maire impose à l'ignorance d'un pauvre paysan de pesantes contributions de guerre. Comment l'autorité supérieure souffre-t-elle un moment de semblables exactions? A une époque désastreuse, lorsque la misère et l'anéantissement du commerce, inséparables d'une révolution, avaient détruit le crédit public; lorsque le maximum et la terreur rendaient nos marchés déserts, épuisaient la France, ruinaient les particuliers, vidaient le trésor de l'Etat, on eut recours aux mesures violentes des réquisitions, pour donner du pain à nos soldats; mais du moins une sorte de justice présidait à la levée de ces impôts indéterminés. Les fournitures étaient transformées de suite dans une créance sur l'Etat, avec laquelle on acquittait ses contributions; des châtimens sévères menaçaient les fonctionnaires; et l'article 16 de la loi du 19 brumaire an III infligeait six ans de fers à tout individu qui faisait, au nom de la république, des réquisitions sans y être autorisé par la loi, ou qui excédait celles qu'il était chargé d'exécuter. Tous les citoyens sont assujétis au logement des gens de guerre. (Lois des 23 janvier et 7 avril 1790.) Ils doivent *un lit, place au feu et à la chandelle.* Là se terminent leurs obligations. Chaque soldat a une solde et une étape. Dans tous les cas, les fournitures à faire aux troupes de passage sont à la charge des municipalités. Elles sont une dette publique, et *jamais* une dette privée. (Loi des 8 et 10 juillet 1791.)

Des maires qui se permettent de telles réquisitions, exigent et font payer une chose qui n'est pas due, et se rendent coupables du délit de concussion prévu par l'article 174 du Code pénal, ainsi conçu :

Art. 174. « Tous fonctionnaires, tous officiers « publics, leurs commis ou préposés, tous per- « cepteurs des droits, taxes, contributions, de- « niers, revenus publics ou communaux, et leurs « commis ou préposés, qui se seront rendus cou- « pables du crime de concussion, en ordonnant « de percevoir ou en exigeant ou recevant ce « qu'ils savaient n'être pas dû, ou excéder ce « qui était dû pour droits, taxes, contributions, « deniers ou revenus, ou pour salaires ou traite- « mens, seront punis, savoir, les fonctionnaires

« ou les officiers publics, de la peine de la réclu-
« sion ; et leurs commis ou préposés, d'un em-
« prisonnement de deux ans au moins et de cinq
« ans au plus.

« Les coupables seront de plus condamnés à
« une amende dont le *maximum* sera le quart
« des restitutions et des dommages-intérêts, et le
« *minimum* le douzième. »

En relevant ici les actes les plus habituels de
l'arbitraire, nous citerons les textes qui flétrissent et répriment ces actes.

Attentats à la liberté individuelle.

Art. 114. « Lorsqu'un fonctionnaire public,
« un agent ou un préposé du gouvernement aura
« ordonné ou fait quelque acte arbitraire et at-
« tentatoire à la liberté individuelle, soit aux
« droits civiques d'un ou de plusieurs citoyens,
« soit aux Constitutions de l'empire, il sera con-
« damné à la peine de la dégradation civique.

« Si néanmoins il justifie qu'il a agi par ordre
« de ses supérieurs, pour des objets du ressort de
« ceux-ci, et sur lesquels il leur était dû obéis-
« sance hiérarchique, il sera exempt de la peine,
« laquelle sera, dans ce cas, appliquée seulement
« aux supérieurs qui auront donné l'ordre. »

Art. 115. « Si c'est un ministre qui a ordonné
« ou fait les actes ou l'un des actes mentionnés
« en l'article précédent, et si, après les invita-
« tions mentionnées dans les art. 63 et 67 du sé-
« natus-consulte du 28 floréal an xii, il a refusé
« ou négligé de faire réparer ces actes dans les
« délais fixés par ledit sénatus-consulte, il sera
« puni du bannissement. »

Art. 116. « Si les ministres prévenus d'avoir
« ordonné ou autorisé l'acte contraire aux Cons-
« titutions, prétendent que la signature à eux
« imputée leur a été surprise, ils seront tenus,
« en faisant cesser l'acte, de dénoncer celui qu'ils
« déclareront auteur de la surprise; sinon ils se-
« ront poursuivis personnellement. »

Art. 117. « Les dommages-intérêts qui pour-
« raient être prononcés à raison des attentats ex-
« primés dans l'art. 114, seront demandés, soit
« sur la poursuite criminelle, soit par la voie
« civile, et seront réglés, eu égard aux personnes,
« aux circonstances et au préjudice souffert, sans
« qu'en aucun cas, et quel que soit l'individu
« lésé, lesdits dommages-intérêts puissent être
« au-dessous de 25 francs pour chaque jour de
« détention illégale et arbitraire et pour chaque
« individu. »

Art. 118. « Si l'acte contraire aux Constitu-

« tions a été fait d'après une fausse signature du
« nom d'un ministre ou d'un fonctionnaire pu-
« blic, les auteurs du faux et ceux qui en auront
« sciemment fait usage seront punis des travaux
« forcés à temps, dont le *maximum* sera tou-
« jours appliqué dans ce cas. »

Art. 119. « Les fonctionnaires publics chargés
« de la police administrative ou judiciaire, qui
« auront refusé ou négligé de référer à une récla-
« mation légale tendant à constater les détentions
« illégales et arbitraires, soit dans les maisons
« destinées à la garde des détenus, soit partout
« ailleurs, et qui ne justifieront pas les avoir
« dénoncées à l'autorité supérieure, seront punis
« de la dégradation civique, et tenus des dom-
« mages-intérêts, lesquels seront réglés comme
« il est dit dans l'article 117. »

Art. 120. « Les gardiens et concierges des
« maisons de dépôt, d'arrêt, de justice ou de
« peine, qui auront reçu un prisonnier sans man-
« dat ou jugement, ou sans ordre provisoire du
« gouvernement, ceux qui l'auront retenu ou
« auront refusé de le représenter à l'officier de
« police ou au porteur de ses ordres, sans justi-
« fier de la défense du procureur du roi ou du
« juge ; ceux qui auront refusé d'exhiber leurs
« registres à l'officier de police, seront, comme

« coupables de détention arbitraire, punis de six
« mois à deux ans d'emprisonnement, et d'une
« amende de seize francs à deux cents francs. »

Art. 121. « Seront, comme coupables de for-
« faiture, punis de la dégradation civique, tout
« officier de police-judiciaire, tous procureurs
« généraux ou royaux, tous substituts, tous juges,
« qui auront provoqué, donné ou signé un juge-
« ment, une ordonnance ou un mandat, tendant
« à la poursuite personnelle ou accusation, soit
« d'un ministre, soit d'un membre du sénat, du
« conseil d'Etat ou du Corps législatif, sans les
« autorisations prescrites par les Constitutions;
« ou qui, hors les cas de flagrant délit ou de
« clameur publique, auront, sans les mêmes au-
« torisations, donné ou signé l'ordre ou le mandat
« de saisir ou arrêter un ou plusieurs ministres,
« ou membres du Sénat, du conseil d'Etat ou du
« Corps législatif. »

Art. 122. « Seront aussi punis de la dégrada-
« tion civique les procureurs généraux ou royaux,
« leurs substituts, les juges ou les officiers pu-
« blics qui auront retenu ou fait retenir un in-
« dividu hors des lieux déterminés par le gou-
« vernement ou par l'administration publique,
« ou qui auront traduit un citoyen devant une
« Cour d'assises ou une Cour spéciale, sans qu'il

« ait été préalablement mis légalement en ac-
« cusation. »

Art. 184. « Tout juge, tout procureur-général
« ou royal, tout substitut, tout administrateur
« ou tout autre officier de justice ou de police,
« qui se sera introduit dans le domicile d'un ci-
« toyen hors les cas prévus par la loi, et sans les
« formalités qu'elle a prescrites, sera puni d'une
« amende de seize francs au moins, et de deux
« cents francs au plus. »

Art. 185. « Tout juge ou tribunal, tout ad-
« ministrateur ou autorité administrative, qui,
« sous quelque prétexte que ce soit, même du
« silence ou de l'obscurité de la loi, aura dénié
« de rendre la justice qu'il doit aux parties, après
« en avoir été requis, et qui aura persévéré dans
« son déni, après avertissement ou injonction de
« ses supérieurs, pourra être poursuivi, et sera
« puni d'une amende de deux cents francs au
« moins, et de cinq cents francs au plus, et de
« l'interdiction de l'exercice des fonctions pu-
« bliques depuis cinq ans jusqu'à vingt. »

Art. 186. « Lorsqu'un fonctionnaire ou un of-
« ficier public, un administrateur, un agent ou
« un préposé du gouvernement ou de la police,
« un exécuteur des mandats de justice ou juge-
« mens, un commandant en chef ou en sous-

« ordre de force publique, aura, sans motif lé-
« gitime, usé ou fait user de violence envers les
« personnes, dans l'exercice ou à l'occasion de
« l'exercice de ses fonctions, il sera puni selon
« la nature et la gravité de ses violences, et en
« élevant la peine suivant la règle posée par
« l'art. 198 ci-après. »

Art. 198. « Hors les cas où la loi règle spé-
« cialement les peines encourues pour crimes ou
« délits commis par les fonctionnaires ou officiers
« publics, ceux d'entre eux qui auront participé
« à d'autres crimes ou délits qu'ils étaient char-
« gés de surveiller ou de réprimer, seront punis
« comme il suit:

« S'il s'agit d'un délit de police correction-
« nelle, ils subiront toujours le *maximum* de la
« peine attachée à l'espèce de délit ;

« Et s'il s'agit de crimes emportant peine af-
« flictive, ils seront condamnés, savoir :

« A la réclusion, si le crime emporte contre
« tout autre coupable la peine du bannissement
« ou du carcan ;

« Aux travaux forcés à temps, si le crime em-
« porte contre tout autre coupable la peine de la
« réclusion ;

« Et aux travaux forcés à perpétuité, lorsque
« le crime emportera contre tout autre coupable

« la peine de la déportation ou celle des travaux
« forcés à temps.

« Au-delà des cas qui viennent d'être expri-
« més, la peine commune sera appliquée sans
« aggravation. »

Forfaitures.

Art. 127. « Seront coupables de forfaiture, et
« punis de la dégradation civique,

1° « Les juges, les procureurs généraux ou
« royaux, ou leurs substituts, les officiers de po-
« lice, qui se seront immiscés dans l'exercice
« du pouvoir législatif, soit par des règlemens
« contenant des dispositions législatives, soit en
« arrêtant ou en suspendant l'exécution d'une ou
« de plusieurs lois, soit en délibérant sur le point
« de savoir si les lois seront publiées ou exé-
« cutées.

2° « Les juges, les procureurs généraux ou
« royaux ou leurs substituts, les officiers de
« police judiciaire, qui auraient excédé leur
« pouvoir, en s'immisçant dans les matières at-
« tribuées aux autorités administratives, soit en
« faisant des règlemens sur ces matières, soit en
« défendant d'exécuter les ordres émanés de
« l'administration, ou qui, ayant permis ou or-

« donné de citer des administrateurs pour raison
« de l'exercice de leurs fonctions, auraient per-
« sisté dans l'exécution de leurs jugemens ou
« ordonnances, nonobstant l'annulation qui en
« aurait été prononcée, ou le conflit qui leur au-
« rait été notifié. »

Art. 128. « Les juges qui, sur la revendica-
« tion formellement faite par l'autorité adminis-
« trative d'une affaire portée devant eux, auront
« néanmoins procédé au jugement avant la dé-
« cision de l'autorité supérieure, seront punis
« chacun d'une amende de 16 fr. au moins, et
« de 150 fr. au plus.

« Les officiers du ministère public qui auront fait
« des réquisitions ou donné des conclusions pour
« ledit jugement, seront punis de la même peine. »

Art. 129. « La peine sera d'une amende de
« 100 francs au moins, et de 500 francs au plus
« contre chacun des juges qui, après une récla-
« mation légale des parties intéressées ou de
« l'autorité administrative, auront, sans autori-
« sation du gouvernement, rendu des ordon-
« nances ou décerné des mandats contre ses agens
« ou préposés prévenus de crimes ou délits com-
« mis dans l'exercice de leurs fonctions.

« La même peine sera appliquée aux offi-
« ciers du ministère public ou de police, qui au-

« ront requis lesdites ordonnances ou mandats. »

Art. 130. « Les préfets, sous-préfets, maires
« et autres administrateurs qui se seront immiscés
« dans l'exercice du pouvoir législatif, comme il
« est dit au n° 1er de l'art. 127, ou qui se seront
« ingérés de prendre des arrêtés généraux ten-
« dant à intimer des ordres ou des défenses quel-
« conques à des Cours ou tribunaux, seront pu-
« nis de la dégradation civique. »

Art. 131. « Lorsque ces administrateurs en-
« treprendront sur les fonctions judiciaires en
« s'ingérant de connaître de droits et intérêts
« privés du ressort des tribunaux, et qu'après la
« réclamation des parties ou de l'une d'elles, ils
« auront néanmoins décidé l'affaire avant que
« l'autorité supérieure ait prononcé, ils seront
« punis d'une amende de 16 francs au moins, et
« de 150 francs au plus. »

Art. 166. « Tout crime commis par un fonc-
« tionnaire public dans ses fonctions est une for-
« faiture. »

Art. 167. « Toute forfaiture pour laquelle la
« loi ne prononce pas de peines plus graves est
« punie de la dégradation civique. »

Art. 168. « Les simples délits ne constituent
« pas les fonctionnaires en forfaiture. »

On peut avoir à se plaindre d'une soustraction

ou d'un détournement de pièces ; l'article 173
a prévu ce cas.

Art. 173. « Tout juge, administrateur, fonc-
« tionnaire ou officier public qui aura détruit,
« supprimé, soustrait ou détourné les actes et
« titres dont il était dépositaire en cette qualité,
« ou qui lui auront été remis ou communiqués
« à raison de ses fonctions, sera puni des tra-
« vaux forcés à temps.

« Tous agens, préposés ou commis, soit du
« gouvernement, soit des dépositaires publics,
« qui se seront rendus coupables des mêmes sous-
« tractions, seront soumis à la même peine. »

Une méfiance générale a détruit la communication des pensées, les épanchemens de l'amitié,
les confidences de famille ; on s'écrit officielle-
ment, on pèse les expressions d'une lettre comme
l'orateur pèse ses paroles en public ; on se dit
avec effroi que de nombreuses correspondances
grossissent des dossiers criminels. Nous ne dou-
tons pas qu'elles ne soient parvenues aux gens
du roi par des moyens légaux ; mais souvent en
province des lettres n'arrivent pas à leur adresse,
ou sont remises tardivement avec des cachets
brisés. Le secret des postes est inviolable ; elles
sont sous la protection du gouvernement, et à
titre d'entrepreneur responsable, et comme ven-

Lettres
décachetées
ou
soustraites.

geur naturel de tous les délits contre les personnes auxquelles il doit protection. Il faut donc dénoncer ces infractions, si elles se présentent, au ministère public, et invoquer l'article 187.

Art. 187. « Toute suppression, toute ouver-
« ture de lettres confiées à la poste, commise ou
« facilitée par un fonctionnaire ou un agent du
« gouvernement ou de l'administration des pos-
« tes, sera punie d'une amende de seize francs
« à trois cents francs. Le coupable sera, de plus,
« interdit de toute fonction ou emploi public
« pendant cinq ans au moins et dix ans au
« plus. »

Listes
électorales.
Droits
civiques.
Peines.

Dans une circulaire du 4 août dernier, la Société a démontré l'importance du titre d'électeur ; il est indispensable de ne pas l'abandonner pour soi-même, et de le surveiller dans les autres. Il n'est pas permis aux gens de bien de s'effacer au milieu des circonstances graves où nous nous trouvons. La liste des électeurs sert à former la liste des jurés, et les jurés sont appelés à juger le pays. Usons avec activité du droit d'intervention accordé à des tiers. Nous pouvons contraindre les hommes probes et impartiaux à ne pas nous refuser leur justice, et repousser ceux qui figureraient sur les listes au mépris des conditions voulues pour être inscrit. L'intervention a été agrandie; elle s'étend aux listes des jurés et aux listes des électeurs communaux.

Loi du 2 juillet 1828, sur les listes électorales et du jury.

Art. 11. « Tout individu qui croirait devoir se « plaindre, soit d'avoir été indûment inscrit, « omis ou rayé, soit de toute autre erreur com- « mise à son égard dans la rédaction des listes, « pourra, jusqu'au 30 septembre inclusivement, « présenter sa réclamation, qui devra être accom- « pagnée de pièces justificatives. »

Art. 12. « Dans le même délai, tout individu « inscrit sur la liste d'un département pourra « réclamer l'inscription de tout citoyen qui n'y « serait pas porté, quoique réunissant toutes les « conditions nécessaires, la radiation de tout in- « dividu qu'il prétendrait y être indûment ins- « crit, ou la rectification de toute autre erreur « commise dans la rédaction des listes. Il devra « motiver sa demande, et l'appuyer de pièces « justificatives. »

Art. 13. « Aucune des demandes énoncées en « l'article précédent ne sera reçue, lorsqu'elle « sera formée par des tiers, qu'autant que le ré- « clamant y joindra la preuve qu'elle a été par « lui notifiée à la partie intéressée, laquelle aura

« dix jours pour y répondre, à partir de celui
« de la notification. »

Art. 14. « Le préfet statuera en conseil de
« préfecture sur les demandes dont il est fait
« mention aux articles 11 et 12 ci-dessus, dans
« les cinq jours qui suivront leur réception,
« quand elles seront formées par les parties elles-
« mêmes ou par leurs fondés de pouvoirs; et
« dans les cinq jours qui suivront l'expiration
« du délai fixé par l'article 13, si elles sont for-
« mées par des tiers.

« Ses décisions seront motivées.

« La communication, sans déplacement, de
« pièces respectivement produites sur la question
« en contestation, devra être donnée à toute par-
« tie intéressée qui le requerra. »

Loi du 19 avril 1831, sur les élections.

Art. 24. « Tout individu qui croirait avoir à
« se plaindre, soit d'avoir été indûment inscrit,
« omis ou rayé, soit de toute autre erreur com-
« mise à son égard dans la rédaction des listes,
« pourra, jusqu'au 30 septembre inclusivement,
« présenter sa réclamation, qui devra être ac-
« compagnée de pièces justificatives. »

Art. 25. « Dans le même délai, tout individu
« inscrit sur les listes d'un arrondissement élec-

« toral pourra réclamer l'inscription de tout ci-
« toyen qui n'y sera pas porté, quoique réunis-
« sant les conditions nécessaires; la radiation de
« tout individu qu'il prétendrait indûment ins-
« crit, ou la rectification de toute autre erreur
« commise dans la rédaction des listes.

« Ce même droit appartiendra à tout citoyen
« inscrit sur la liste des jurés non électeurs de
« l'arrondissement. »

Art. 26. « Aucune des demandes énoncées en
« l'article précédent ne sera reçue, lorsqu'elle
« sera formée par des tiers, qu'autant que le ré-
« clamant y joindra la preuve qu'elle a été par
« lui notifiée à la partie intéressée, laquelle aura
« dix jours pour y répondre, à partir de celui de
« la notification. »

Art. 27. « Le préfet statuera, en conseil de
« préfecture, sur les demandes dont il est fait
« mention aux articles 24 et 25 ci-dessus, dans
« les cinq jours qui suivront leur réception, quand
« elles seront formées par les parties elles-mêmes
« ou par leurs fondés de pouvoir; et dans les
« cinq jours qui suivront l'expiration du délai
« fixé par l'article 26, si elles sont formées par
« des tiers. Ses décisions seront motivées.

« La communication, sans déplacement, des
« pièces respectivement produites sur les ques-

« tions et contestations, devra être donnée à toute
« partie intéressée qui la requerra. »

Art. 68. « Les dispositions de la présente loi
« sont applicables à la révision de la liste des ju-
« rés non électeurs, établie par les articles 1ᵉʳ et
« 2 de la loi du 2 mai 1827. »

Art. 69. « Il sera formé, pour chaque arron-
« dissement électoral, une liste des jurés non
« électeurs qui ont leur domicile réel dans cet
« arrondissement.

« Le droit d'intervention des tiers, relative-
« ment à cette liste, appartient à tous les élec-
« teurs et à tous les jurés de l'arrondissement. »

Art. 70. « Dans le cas où des élections, soit
« générales, soit partielles, auraient lieu avant
« le 21 octobre 1831, l'ordonnance de convoca-
« tion des colléges sera publiée dans chaque ar-
« rondissement électoral au moins quinze jours
« avant celui qui sera fixé pour l'élection.

« Dans le délai de quinze jours, à compter de
« la promulgation de la présente loi, l'inscrip-
« tion des citoyens qui auront acquis le droit
« électoral, soit en vertu de la législation anté-
« rieure, soit en vertu des dispositions de la pré-
« sente loi, pourra être requise, soit par eux,
« soit par des tiers, conformément aux articles
« 24, 25 et 26.

« Pendant cet espace de temps, le registre
« prescrit par l'article 23 sera ouvert, et les ré-
« quisitions prévues par le précédent paragraphe
« y seront inscrites.

« Après l'expiration dudit délai de quinze
« jours, ces réquisitions ne seront plus admises.

« En cas d'élections, soit générales, soit par-
« tielles, avant le 21 octobre 1831, les contribu-
« tions foncière, personnelle, mobilière et des
« portes et fenêtres ne seront comptées, soit pour
« être électeur, soit pour être éligible, que lors-
« que la propriété foncière aura été possédée, ou
« la location faite, antérieurement à la promul-
« gation de la présente loi.

« Cette disposition n'est pas applicable aux
« possesseurs à titre successif.

« La patente ou le diplome universitaire ne
« seront comptés que lorsqu'ils auront été pris
« un an avant la promulgation de la présente loi.
« Cette disposition n'est pas applicable aux ci-
« toyens qui, ayant pris une patente avant le
« 1ᵉʳ août 1830, ont été inscrits, en vertu de la
« loi du 12 septembre dernier, sur les listes sup-
« plémentaires formées depuis cette époque. »

Art. 71. « Le préfet, en conseil de préfec-
« ture, dressera d'office, ou d'après les réclama-
« tions des intéressés ou des tiers, une liste addi-

« tionnelle contenant les noms des citoyens qui
« auront acquis le droit électoral.

« Cette liste sera affichée vingt-cinq jours, au plus
« tard, après la promulgation de la présente loi. »

Art. 72. « Les décisions portant refus d'ins-
« cription seront signifiées aux parties par le pré-
« fet, dans les cinq jours, pour tout délai, après
« le jour où elles auront été rendues. »

Art. 74. « Il ne sera fait de changemens à la
« liste additionnelle mentionnée dans l'article 71,
« qu'en exécution d'arrêts rendus par les cours
« royales. »

Loi du 21 mars 1831, sur l'organisation municipale.

Art. 53. « Toutes les opérations relatives à la
« confection des listes pour la première convoca-
« tion des assemblées des électeurs devront être
« terminées dans le délai de six mois, à dater de
« la promulgation de la présente loi. La pre-
« mière nomination qui sera faite aura lieu inté-
« gralement pour chaque conseil municipal.

« Lors de la deuxième élection, qui aura lieu
« trois ans après, le sort désignera ceux qui se-
« ront compris dans la moitié sortant.

« Si la totalité du corps municipal est en
« nombre impair, la fraction la plus forte sortira
« la première. »

Loi du 2 mai 1827, sur le jury.

Art. 1ᵉʳ. « Les jurés seront pris parmi les mem-
« bres des colléges électoraux et parmi les per-
« sonnes désignées dans les paragraphes 3 et sui-
« vans de l'article 2 ci-après. »

Art. 2. « Le 1ᵉʳ août de chaque année, le pré-
« fet de chaque département dressera une liste
« qui sera divisée en deux parties.

« La première partie sera rédigée conformé-
« ment à l'article 3 de la loi du 29 juin 1820,
« et comprendra toutes les personnes qui rem-
« pliront les conditions requises pour faire par-
« tie des colléges électoraux du département.

« La seconde partie comprendra,

« 1° Les électeurs qui, ayant leur domicile
« réel dans le département, exerceraient leurs
« droits électoraux dans un autre département;

« 2° Les fonctionnaires publics nommés par
« le roi, et exerçant des fonctions gratuites;

« 3° Les officiers des armées de terre et de
« mer en retraite.

4° « Les docteurs et licenciés de l'une ou de
« plusieurs des Facultés de droit, des sciences
« et des lettres; les docteurs en médecine; les
« membres et correspondans de l'Institut; les

« membres des autres sociétés savantes recon-
« nues par le roi ;

« 5° Les notaires, après trois ans d'exercice
« de leurs fonctions ;

« Les officiers de terre et de mer en retraite
« ne seront portés dans la liste générale qu'a-
« près qu'il aura été justifié qu'ils jouissent d'une
« pension de retraite de 1200 fr. au moins, et
« qu'ils ont depuis cinq ans un domicile réel
« dans le département ;

« Les licenciés de l'une des Facultés de droit,
« des sciences et des lettres, qui ne seraient pas
« inscrits sur le tableau des avocats et des avoués
« près les Cours et tribunaux, ou qui ne seraient
« pas chargés de l'enseignement de quelqu'une
« des matières appartenant à la Faculté où ils
« auront pris leur licence, ne seront portés sur
« la liste générale qu'après qu'il aura été justifié
« qu'ils ont depuis dix ans un domicile réel dans
« le département.

« Dans les départemens où les deux parties
« de la liste ne comprendraient pas huit cents
« individus, ce nombre sera complété par une
« liste supplémentaire formée des individus les
« plus imposés parmi ceux qui n'auront pas été
« inscrits sur la première. »

Art. 3. « Les listes dressées en exécution de

« l'article précédent seront affichées au chef-lieu
« de chaque commune au plus tard le 15 août,
« et seront arrêtées et closes le 3o septembre.

« Un exemplaire en sera déposé et conservé
« au secrétariat des mairies, des sous-préfectures
« et des préfectures, pour être donné en com-
« munication à toutes les personnes qui le re-
« querront. »

Art. 4. « Il sera statué, suivant le mode éta-
« bli par les articles 5 et 6 de la loi du 5 février
« 1817, sur les réclamations qui seraient formées
« contre la rédaction des listes.

« Ces réclamations seront inscrites au secré-
« tariat-général de la préfecture, selon l'ordre et
« la date de leur réception.

« Elles seront formées par simple mémoire et
« sans frais. »

Art. 5. « Nul ne pourra cesser de faire partie
« des listes prescrites par l'article 2 qu'en vertu
« d'une décision motivée ou d'un jugement,
« contre lesquels le recours ou l'appel auront un
« effet suspensif. »

Loi du 19 avril 1831, sur les élections.

Art. 1er. « Tout Français jouissant des droits
« civils et politiques, âgé de vingt-cinq ans ac-
« complis, et payant deux cents francs de con-

« tributions directes, est électeur, s'il remplit
« d'ailleurs les autres conditions fixées par la
« présente loi. »

Art. 2. « Si le nombre des électeurs d'un ar-
« rondissement électoral ne s'élève pas à cent
« cinquante, ce nombre sera complété en appe-
« lant les citoyens les plus imposés au-dessous de
« deux cents francs.

« Lorsqu'en vertu du paragraphe précédent,
« les citoyens payant une quotité de contribution
« égale se trouveront appelés concurremment à
« compléter la liste des électeurs, les plus âgés
« seront inscrits jusqu'à concurrence du nombre
« déterminé par ledit article. »

Art. 3. « Sont en outre électeurs, en payant
« cent francs de contributions directes,

« 1° Les membres et correspondans de l'Ins-
« titut;

« 2° Les officiers des armées de terre et de
« mer jouissant d'une pension de retraite de
« douze cents francs au moins, et justifiant d'un
« domicile réel de trois ans dans l'arrondisse-
« ment électoral.

« Les officiers en retraite pourront compter,
« pour compléter les douze cents francs ci-des-
« sus, le traitement qu'ils toucheraient comme
« membres de la Légion-d'Honneur. »

Les droits électoraux donnent les droits com-, munaux.

Loi du 21 mars 1831, sur l'organisation municipale.

Art. 9. « Chaque commune a un conseil mu-
« nicipal composé, y compris les maires et ad-
« joints,

« De dix membres dans les communes de cinq.
« cents habitans et au-dessous ;

« De douze, dans celles de cinq cents à quinze.
« cents ;

« De seize, dans celles de quinze cents à deux
« mille cinq cents ;

« De vingt-un, dans celles de deux mille cinq.
« cents à trois mille cinq cents ;

« De vingt-trois, dans celles de trois mille.
« cinq cents à dix mille ;

« De vingt-sept, dans celles de dix mille à,
« trente mille ;

« Et de trente-six, dans celles d'une popula-
« tion de trente mille âmes et au-dessus.

« Dans les communes où il y aura plus de.
« trois adjoints, le conseil municipal sera aug-
« menté d'un nombre de membres égal à celui.
« des adjoints au-dessus de trois.

« Dans celles où il aura été nommé un ou plu-
« sieurs adjoints spéciaux et supplémentaires, en,
« vertu du second paragraphe de l'article 2 de,

« là présente loi, le conseil municipal sera éga-
« lement augmenté d'un nombre égal à celui de
« ces adjoints. »

Art. 10. « Les conseillers municipaux sont élus
« par l'assemblée des électeurs communaux. »

Art. 11. « Sont appelés à cette assemblée,
« 1° les citoyens les plus imposés aux rôles des
« contributions directes de la commune, âgés de
« vingt-un ans accomplis, dans les proportions
« suivantes :

« Pour les communes de mille âmes et au-
« dessous, un nombre égal au dixième de la po-
« pulation de la commune.

« Co mbre s'accroîtra de cinq par cent ha-
« bitans en sus de mille jusqu'à cinq mille,

« De quatre par cent habitans en sus de cinq
« mille jusqu'à quinze mille,

« De trois par cent habitans au-dessus de
« quinze mille ;

« 2° Les membres des Cours et tribunaux, les
« juges de paix et leurs suppléans ;

« Les membres de chambre de commerce,
« des conseils de manufactures, des conseils de
« prud'hommes ;

« Les membres des commissions administra-
« tives des colléges, des hospices et des bureaux
« de bienfaisance ;

« Les officiers de la garde nationale ;

« Les membres et correspondans de l'Institut,
« les membres des sociétés savantes instituées
« ou autorisées par une loi ;

« Les docteurs de l'une ou de plusieurs des
« Facultés de droit, de médecine, des sciences,
« des lettres, après trois ans de domicile réel
« dans la commune ;

« Les avocats inscrits au tableau, les avoués
« près les Cours et tribunaux, les notaires, les
« licenciés de l'une des Facultés de droit, des
« sciences, des lettres, chargés de l'enseigne-
« ment de quelqu'une des matières appartenant
« à la Faculté où ils auront pris leur licence,
« les uns et les autres après cinq ans d'exercice
« et de domicile réel dans la commune ;

« Les anciens fonctionnaires de l'ordre admi-
« nistratif et judiciaire jouissant d'une pension
« de retraite ;

« Les employés des administrations civiles et
« militaires jouissant d'une pension de retraite
« de 600 fr. et au-dessus ;

« Les élèves de l'École polytechnique qui ont
« été à leur sortie, déclarés admis ou admissi-
« bles dans les services publics, après deux ans
« de domicile réel dans la commune : toutefois
« les officiers appelés à jouir du droit électoral

« en qualité d'anciens élèves de l'Ecole poly-
« technique ne pourront l'exercer dans les com-
« munes où ils se trouveront en garnison qu'au-
« tant qu'ils y auraient acquis leur domicile ci-
« vil ou politique avant de faire partie de la gar-
« nison ;

« Les officiers de terre et de mer jouissant
« d'une pension de retraite ;

« Les citoyens appelés à voter aux élections
« des membres de la Chambre des députés ou
« des conseils-généraux des départemens, quel
« que soit le taux de leurs contributions dans la
« commune. »

Art. 12. « Le nombre des électeurs domiciliés
« dans la commune ne pourra être moindre de
« trente, sauf le cas où il ne se trouverait pas un
« nombre suffisant de citoyens payant une con-
« tribution personnelle. ».

Art. 13. « Les citoyens qualifiés pour voter
« l'assemblée des électeurs communaux, confor-
« mément au paragraphe 2 de l'article 11, et qui
« seraient en même temps inscrits sur la liste
« des plus imposés, voteront en cette dernière
« qualité. »

Art. 14. « Le tiers de la contribution du do-
« maine exploité par un fermier, à prix d'argent
« ou à portion de fruits, lui est compté pour

« être inscrit sur la liste des plus imposés de la
« commune, sans diminution des droits du pro-
« priétaire du domaine. »

Art. 15. « Les membres du conseil municipal
« seront tous choisis sur la liste des électeurs
« communaux, et les trois quarts, au moins,
« parmi les électeurs domiciliés dans la com-
« mune. »

Art. 16. « Les deux tiers des conseillers mu-
« nicipaux sont nécessairement choisis parmi les
« électeurs désignés au paragraphe 1er de l'ar-
« ticle 11 ; l'autre tiers peut être choisi parmi
« tous les citoyens ayant droit de voter dans l'as-
« semblée en vertu de l'article 11. »

Art. 17. « Les conseillers municipaux doivent
« être âgés de vingt-cinq ans accomplis. Ils sont
« élus pour six ans, et toujours rééligibles.

« Les conseils seront renouvelés par moitié
« tous les trois ans. »

Art. 18. « Les préfets, sous-préfets, secré-
« taires généraux et conseillers de préfecture,
« les ministres des divers cultes en exercice dans
« la commune, les comptables des revenus com-
« munaux, et tout agent salarié par la commune,
« ne peuvent être membres des conseils muni-
« cipaux. Nul ne peut être membre de deux
« conseils municipaux. »

Art. 19. « Tout membre d'un conseil muni-
« cipal dont les droits civiques auraient été sus-
« pendus, ou qui en aurait perdu la jouissance,
« cessera d'en faire partie, et ne pourra être
« réélu que lorsqu'il aura recouvré les droits
« dont il aurait été privé. »

Art. 20. « Dans les communes de cinq cents
« âmes et au-dessus, les parens au degré de père,
« de fils, de frère, et les alliés au même degré,
« ne peuvent être en même temps membres du
« même conseil municipal. »

Art. 21. « Toutes les dispositions des lois pré-
« cédentes, concernant les incompatibilités et
« empêchemens des fonctions municipales, sont
« abrogées. »

Art. 22. « En cas de vacance dans l'intervalle
« des élections triennales, il devra être procédé
« au remplacement dès que le conseil municipal
« se trouvera réduit aux trois quarts de ses
« membres. »

CHAP. III. — Des listes et assemblées des électeurs communaux.

Art. 32. « Le maire, assisté du percepteur et
« des commissaires répartiteurs, dressera la liste
« de tous les contribuables de la commune jouis-
« sant des droits civiques, et qualifiés, à raison
« de la quotité de leurs contributions, pour faire

« partie de l'assemblée communale, conformé-
« ment à l'article 11 ci-dessus.

« Les plus imposés seront inscrits sur cette
« liste dans l'ordre décroissant de la quotité de
« leurs contributions. »

Art. 33. « Cette liste présentera la quotité des
« impôts de chacun de ceux qui y seront portés ;
« elle énoncera le chiffre de la population de la
« commu n , et sera affichée dans la commune,
« et communiquée, au secrétariat de la mairie,
« à tout requérant. »

Art. 34. « Tout individu omis pourra, pen-
« dant un mois, à dater de l'affiche, présenter sa
« réclamation à la mairie.

« Dans le même délai, tout électeur inscrit
« sur la liste pourra réclamer contre l'inscrip-
« tion de tout individu qu'il croirait indûment
« porté. »

Art. 35. « Le maire prononcera dans le délai
« de huit jours, après avoir pris l'avis d'une
« commission de trois membres du conseil dé-
« légués à cet effet par le conseil municipal. Il
« notifiera, dans le même délai, sa décision aux
« parties intéressées. »

Art. 36. « Toute partie qui se croirait fondée
« à contester une décision rendue par le maire
« dans la forme ci-dessus, peut en appeler, dans

« le délai de quinze jours, devant le préfet, qui,
« dans le délai d'un mois, prononcera en con-
« seil de préfecture, et notifiera sa décision. »

Art. 37. « Le maire, sur la notification de la
« décision intervenue, fera sur la liste la rectifi-
« cation prescrite. »

Art. 38. « Le maire dressera la liste des élec-
« teurs appelés à voter dans l'assemblée de la
« commune, en vertu du paragraphe 2 de l'ar-
« ticle 11 ci-dessus, avec l'indication de la date
« des diplomes, inscriptions, domicile, et autres
« conditions exigées par ce paragraphe. »

Art. 39. « Les dispositions des articles 33, 34,
« 35, 36 et 37, sont applicables aux listes des
« électeurs dressées en exécution de l'article pré-
« cédent. »

Art. 40. « L'opération de la confection des
« listes commencera chaque année le 1er janvier ;
« elles seront publiées et affichées le 8 du même
« mois, et closes définitivement le 31 mars. Il
« ne sera plus fait de changement aux listes pen-
« dant tout le cours de l'année : en cas d'élec-
« tions, tous les citoyens qui y sont portés au-
« ront droit de voter, excepté ceux qui auraient
« été privés de leurs droits civiques par un ju-
« gement. »

Art. 41. « Les dispositions relatives à l'attri-

« bution des contributions, contenues dans les
« lois concernant l'élection des députés, sont ap-
« plicables aux élections réglées par la présente
« loi. »

Art. 42. « Les difficultés relatives soit à cette
« attribution, soit à la jouissance des droits civi-
« ques ou civils et au domicile réel ou politique,
« seront portées devant le tribunal civil de l'ar-
« rondissement, qui statuera en dernier ressort,
« suivant les formes établies par l'article 18 de
« la loi du 2 juillet 1828. »

On sait que les réclamations contre les décisions du préfet, en conseil de préfecture, relatives aux listes électorales pour la nomination
des députés des départemens, sont portées aux
Cours royales.

Loi du 2 juillet 1828, sur le jury.

« Art. 18. « Toute partie qui se croira fondée
« à contester une décision rendue par le préfet
« en conseil de préfecture, pourra porter son ac-
« tion devant la Cour royale du ressort.

« L'exploit introductif d'instance devra, sous
« peine de nullité, être notifié dans les dix jours
« tant au préfet qu'aux parties intéressées.

« Dans le cas où la décision du préfet en con-
« seil de préfecture aurait rejeté une demande

5

« d'inscription formée par un tiers, l'action ne
pourra être intentée que par l'individu dont
« l'inscription était réclamée.

« La cause sera jugée sommairement, toutes
« affaires cessantes, et sans qu'il soit besoin du
« ministère d'avoué. Les actes judiciaires aux-
« quels elle donnera lieu seront enregistrés gratis.
« L'affaire sera rapportée en audience publique
« par un des membres de la Cour, et l'arrêt sera
« prononcé après que le ministère public aura
« été entendu.

« S'il y a pourvoi en cassation, il sera procédé
« comme devant la Cour royale, avec la même
« exemption des droits d'enregistrement, sans
« consignation d'amende. »

Art. 19. « Le recours et l'action intentés par
« suite d'une décision qui aura rayé un individu
« de la liste, ou qui lui aura attribué une quo-
« tité de contribution moindre que celle pour
« laquelle il était précédemment inscrit, auront
« un effet suspensif. »

Art. 20. « Le préfet, sur la notification de
« l'arrêt intervenu, fera sur la liste la rectifica-
« tion qui aura été prescrite. »

Nous ne pouvons trop recommander aux membres de la Société de se pénétrer des dispositions
contenues dans les différentes lois sur les élec-

tions, sur le jury, sur les communes, sur l'organisation de la garde nationale. La réunion de ces
lois forme notre droit constitutionnel, le code
de nos libertés. Appliquons-nous à les défendre.

Le Code pénal protége les élections. Nous rap-
pellerons les peines qu'il prononce contre les
crimes et délits relatifs à l'exercice des droits
civiques.

Art. 109. « Lorsque, par attroupement, voies
« de fait on menaces, ou aura empêché un ou
« plusieurs citoyens d'exercer leurs droits civi-
« ques, chacun des coupables sera puni d'un
« emprisonnement de six mois au moins et de
« deux ans au plus, et de l'interdiction du droit
« de voter et d'être éligible, pendant cinq ans
« au moins et dix ans au plus. »

Art. 110. « Si ce crime a été commis par suite
« d'un plan concerté pour être exécuté soit dans
« tout l'Empire, soit dans un ou plusieurs dé-
« partemens, soit dans un ou plusieurs arron-
« dissemens communaux, la peine sera le ban-
« nissement. »

Art. 111. « Tout citoyen qui, étant chargé,
« dans un scrutin, du dépouillement des billets
« contenant les suffrages des citoyens, sera sur-
« pris falsifiant ces billets ou en soustrayant de
« la masse, ou en y ajoutant, ou inscrivant sur

« les billets des votans non lettrés des noms au-
« tres que ceux qui lui auraient été déclarés,
« sera puni de la peine du carcan. »

Art. 112. « Toutes autres personnes coupables
« des faits énoncés dans l'article précédent se-
« ront punies d'un emprisonnement de six mois
« au moins et de deux ans au plus, et de l'in-
« terdiction du droit de voter et d'être éligibles
« pendant cinq ans au moins et dix ans au plus. »

Art. 113. « Tout citoyen qui aura, dans les
« élections, acheté ou vendu un suffrage à un
« prix quelconque, sera puni d'interdiction des
« droits de citoyen et de toute fonction ou em-
« ploi public, pendant cinq ans au moins et dix
« ans au plus.

« Seront, en outre, le vendeur et l'acheteur
« du suffrage, condamnés chacun à une amende
« double de la valeur des choses reçues ou pro-
« mises. »

Ce crime politique est le plus grand de notre
époque constitutionnelle. Anéantir ou fausser un
scrutin, c'est mutiler le souverain qui est repré-
senté par la collection des électeurs. Respect et
sécurité entière pour tous les suffrages. Cependant, à Marseille, l'urne a été brisée, et la voix
d'un arrondissement étouffée par une troupe de
furieux qui foulaient aux pieds les lois, en pous-

sant des cris de mort contre un député dont on redoutait le caractère et l'éloquence. Que penser de notre ordre légal en voyant éclater de toutes parts de tels symptômes d'anarchie? Un député, M. Reynard, a osé justifier un scrutin renversé, en déclarant qu'un moment de désordre était fécond en germes de tranquillité pour l'avenir. Les faits sont notoires; les coupables sont connus; les témoins sont nombreux. Le ministère public tiendra ses promesses; il donnera, dans ces circonstances, des preuves de sa force et de sa justice. *L'action uniforme de tous les pouvoirs de l'Etat,* annoncée dans le discours du trône comme mettant un terme à nos agitations politiques prolongées, se révélera à la France. Cette fois, il sera facile de dire quels sont les oppresseurs et quels sont les opprimés. On nous avait promis une paix profonde, de la sécurité pour les personnes et les propriétés. Cependant, si nous ne sommes pas encore à l'abri du meurtre et du pillage, il existe du moins des lois qui indemnisent celui qui a été violemment dépouillé, et les communes sont intéressées à maintenir l'ordre, à réprimer la dévastation.

Les communes sont responsables du pillage.

TITRE IV.

Art. 1er. « Chaque commune est responsable
« des délits commis à force ouverte ou par vio-
« lence sur son territoire, par des attroupemens
« ou rassemblemens armés ou non armés, soit
« envers les personnes, soit contre les propriétés
« nationales ou privées, ainsi que des dommages-
« intérêts auxquels ils donneront lieu. »

Art. 2. « Dans le cas où les habitans de la
« commune auraient pris part aux délits commis
« sur son territoire par des attroupemens et ras-
« semblemens, cette commune sera tenue de
« payer à la république une amende égale au
« montant de la réparation principale. »

Art. 3. « Si les attroupemens ou rassemble-
« mens ont été formés d'habitans de plusieurs
« communes, toutes seront responsables des dé-
« lits qu'ils auront commis, et contribuables,
« tant à la réparation et dommages-intérêts qu'au
« paiement de l'amende. »

Art. 4. « Les habitans de la commune ou des
« communes contribuables, qui prétendraient
« n'avoir pris aucune part aux délits, et contre
« lesquels il ne s'éleverait aucune preuve de
« complicité ou participation aux attroupemens,

« pourront exercer leur recours contre les au-
« teurs et complices des délits. »

Art. 5. « Dans les cas où les rassemblemens
« auraient été formés d'individus étrangers à la
« commune sur le territoire de laquelle les délits
« ont été commis, et où la commune aurait pris
« toutes les mesures qui étaient en son pouvoir à
« l'effet de les prévenir et d'en faire connaître
« les auteurs, elle demeurera déchargée de toute
« responsabilité. »

Art. 6. « Lorsque, par suite de rassemblemens
« ou attroupemens, un individu, domicilié ou
« non sur une commune, y aura été pillé, mal-
« traité ou homicidé, tous les habitans seront te-
« nus de lui payer, ou, en cas de mort, à sa veuve
« et enfans, des dommages-intérêts. »

Art. 7. « Lorsque des ponts auront été rom-
« pus, des routes coupées ou interceptées par
« des abatis d'arbres ou autrement, dans une
« commune, la municipalité ou l'administration
« municipale du canton les fera réparer sans dé-
« lai aux frais de la commune, sauf son recours
« contre les auteurs du délit. »

Art. 8. « Cette responsabilité de la commune
« n'aura pas lieu dans les cas où elle justifierait
« avoir résisté à la destruction des ponts et des
« routes, ou bien avoir pris toutes les mesures

« qui étaient en son pouvoir pour prévenir l'é-
« vènement, et encore dans le cas où elle dési-
« gnerait les auteurs, provocateurs et complices
« du délit, tous étrangers à la commune. »

Art. 9. « Lorsque, dans une commune, des
« cultivateurs tiendront leurs voitures démontées,
« ou n'exécuteront pas les réquisitions qui en se-
« ront faites légalement pour transports et char-
« rois, les habitans de la commune sont respon-
« sables des dommages-intérêts en résultant. »

Art. 10. « Si, dans une commune, des culti-
« vateurs à part de fruits refusent de livrer, au
« terme du bail, la portion due aux propriétaires,
« tous les habitans de cette commune sont tenus
« des dommages-intérêts. »

Art. 11. « Dans les cas énoncés aux art. 9 et
« 11, les habitans de la commune exerceront
« leur recours contre les cultivateurs qui auront
« donné lieu aux dommages-intérêts. »

Art. 12. « Lorsqu'un adjudicataire de domaines
« nationaux aura été contraint à force ouverte,
« par suite de rassemblemens ou attroupemens,
« de payer tout ou partie du prix de son adjudi-
« cation à autres que dans la caisse des domaines
« et revenus nationaux;

« Lorsqu'un fermier ou locataire aura égale-
« ment été contraint de payer tout ou partie du

« prix de son bail à autres que le propriétaire;

, « Dans ces cas, les habitans de la commune
« où les délits auront été commis seront tenus
« des dommages-intérêts en résultant, sauf leur
« recours contre les auteurs et complices des dé-
« lits. »

TITRE V.

Art. 1ᵉʳ. « Lorsque, par suite de rassemble-
« mens ou attroupemens, un citoyen aura été
« contraint de payer ; lorsqu'il aura été volé ou
« pillé sur le territoire d'une commune, tous les
« habitans de la commune seront tenus de la
« restitution, en même nature, des objets pillés
« et choses enlevées par force, ou d'en payer le
« prix sur le pied du double de leur valeur, au
« cours du jour où le pillage aura été commis. »

Art. 2. « Lorsqu'un délit de la nature de ceux
« exprimés aux articles précédens aura été com-
« mis sur une commune, les officiers municipaux
« ou l'agent municipal seront tenus de le faire
« constater sommairement dans vingt-quatre heu-
« res, et d'en dresser procès-verbal, sous trois
« jours au plus tard, au commissaire du pouvoir
« exécutif près le tribunal civil du département.

« Les officiers de police de sûreté n'en seront
« pas moins tenus de remplir, à cet égard, les
« obligations que la loi leur prescrit. »

Art. 3. « Le commissaire du pouvoir exécutif
« près l'administration du département dans le
« territoire duquel il aurait été commis des dé-
« lits, à force ouverte et par violence, sur des
« propriétés nationales, en poursuivra la répara-
« tion et les dommages-intérêts devant le tribu-
« nal civil du département. »

Art. 4. « Les dommages-intérêts dont les com-
« munes sont tenues aux termes des articles pré-
« cédens, seront fixés par le tribunal civil du
« département, sur le vu des procès-verbaux et
« autres pièces constatant les voies de fait, excès
« et délits. »

Art. 5. « Le tribunal civil du département
« réglera le montant de la réparation et des dom-
« mages-intérêts dans la décade, au plus tard,
« qui suivra l'envoi des procès-verbaux. »

Art. 6. « Les dommages-intérêts ne pourront
« jamais être moindres que la valeur entière des
« objets pillés et choses enlevées. »

Art 7. « Le jugement du tribunal civil, por-
« tant fixation des dommages-intérêts, sera en-
« voyé, dans les vingt-quatre heures, par le com-
« missaire du pouvoir exécutif à l'administration
« départementale, qui sera tenue de l'envoyer,
« sous trois jours, à la municipalité ou à l'admi-
« nistration municipale du canton. »

Art. 8. « La municipalité ou l'administration
« municipale sera tenue de verser le montant des
« dommages-intérêts à la caisse du département
« dans le délai d'une décade ; à cet effet, elle
« fera contribuer les vingt plus forts contribua-
« bles résidant dans la commune. »

Art. 9. « La répartition et la perception pour
« le remboursement des sommes avancées seront
« faites sur tous les habitans de la commune, par
« la municipalité ou l'administration municipale
« du canton, d'après le tableau des domiciliés,
« et à raison des facultés de chaque habitant. »

Art. 10. « Dans le cas de réclamation de la
« part d'un ou plusieurs contribuables, l'admi-
« nistration départementale statuera sur la de-
« mande en réduction. »

Art. 11. « A défaut de paiement dans la dé-
« cade, l'administration départementale requerra
« une force armée suffisante, et l'établira dans
« les communes contribuables, avec un commis-
« saire pour opérer le versement de la contri-
« bution. «

Art. 12. « Les frais de commissaire de dépar-
« tement, et de séjour de la force armée, seront
« ajoutés au montant des contributions pronon-
« cées, et supportés par les communes contri-
« buables. »

Art. 13. « Dans la décade du versement fait
« dans la caisse du département, l'administration
« fera remettre aux parties intéressées le mon-
« tant du jugement portant fixation de domma-
« ges-intérêts. »

Art. 14. « Au moyen des dispositions des ti-
« tres 4 et 5, la loi du 16 prairial, relatif au
« pillage des grains et farines, demeure rappor-
« tée dans les dispositions qui seraient contraires
« à la présente loi. »

Art. 12. « Jusqu'à ce que les municipalités,
« les administrations municipales et les tribu-
« naux civils de département soient organisés,
« les municipalités des communes, les officiers
« de police de sûreté et les tribunaux de district
« actuellement existant, sont chargés, sous leur
« responsabilité personnelle, de l'exécution de
« la présente loi, chacun d'eux dans les parties
« qui concernent les administrations municipa-
« les, les officiers de police et les tribunaux civils.

« L'insertion de la présente loi au bulletin de
« correspondance tiendra lieu de publication. »

Par arrêté de la Cour royale d'Amiens, du
20 août 1819, les communes de Château-Thierri,
d'Essonnes et de Nogent, furent déclarées responsables, envers le sieur Clément, du pillage
de ses bateaux. Les communes soutenaient que

la loi du 10 vendémiaire an IV avait été abrogée
par la loi du 30 ventôse an XII, par l'article 1882
du Code civil, et par les articles 96, 440 et 475
du Code pénal. La Cour de Cassation a décidé,
le 24 avril 1821, que la loi de vendémiaire n'a
été rapportée ni explicitement ni implicitement.
(Denevers, année 1821, p. 607.)

L'arrêt Cazelles contre la commune de Montagnac est très-connu. Les propriétés du sieur
Cazelles, ancien maire de Montagnac (Hérault),
furent dévastées par un attroupement formé de
la population de plusieurs communes environ-
nantes. A la suite de divers jugemens, la commune a été condamnée à payer au sieur Cazelles
une indemnité de 108,488 francs, et au trésor
une amende de 28,788 francs. Cette affaire a encore amené une solution importante. La Cour de
cassation, les Chambres assemblées, sous la pré-
sidence de M. de Peyronnet, garde des sceaux,
a décidé, le 28 janvier 1826, qu'en accordant
une action civile contre les communes, la loi du
10 vendémiaire an IV a soumis l'exercice de l'action à des formes spéciales et d'exception qui ne
peuvent se concilier avec la nécessité d'obtenir
l'autorisation prescrite par l'édit de 1683 et l'arrêté du 17 vendémiaire an x. (Denevers, année 1826, page 116.)

Cet arrêté applanit de nombreuses difficultés. Il rend faciles les poursuites des particuliers : c'est une puissante arme de liberté.

Liberté
d'écrire
et de parler. Toutes les opinions sont libres lorsqu'elles ne se révèlent par aucun fait, *par aucun discours public* réprimé par les lois. Maîtres de nos pensées, nous le sommes aussi de nos paroles au coin du foyer domestique. Les honnêtes gens ne forment pas de complots : ils n'ont rien à redouter des explorations préventives de la police. Une lettre est comme une causerie intérieure : elle n'a aucun caractère de publicité. Si une lettre est égarée ou saisie, elle peut servir à prouver des faits, mais les expressions et les qualifications qu'elle contient ne constituent pas un délit, et par conséquent ne sauraient être l'objet d'une poursuite. Le secret de nos affections et de nos répugnances, arraché à nos domestiques, n'aurait d'autre résultat que de satisfaire la curiosité coupable de l'interrogateur.

POURSUITES

CONTRE LES AGENS DU GOUVERNEMENT.

Après avoir énuméré les délits dont l'impunité irriterait les victimes et jeterait parmi nous plus de fermens de guerre civile que *les coupa-*

bles espérances de la dynastie déchue et même
de la république, nous montrerons la marche
fort simple que la loi a tracée pour arriver à la
répression des crimes contre les personnes et l'arbitraire.

Tout délit dont on a à se plaindre doit être
dénoncé au procureur du roi, qui est le chef des
officiers de police judiciaire. Ce magistrat, chargé
de l'action publique, est tenu de transmettre
sans délai, avec son réquisitoire, les plaintes au
juge d'instruction. Une fois le juge saisi de l'affaire, il est indispensable qu'une décision quelconque de la chambre du conseil intervienne.
Les tribunaux présentent aux citoyens des garanties qui les rassurent. Si le procureur du roi
trouvait le fait peu grave, s'il pensait que ce
n'est pas à lui à provoquer la vindicte publique,
une action directe devant les tribunaux correc-
tionnels resterait toujours à la partie lésée. Ce
n'est pas ici qu'est la difficulté.

On a à dénoncer une violation de domicile,
une arrestation illégale ou tout autre délit commis par un fonctionnaire public. Le titre dont il
est revêtu le protége comme un rempart d'acier
contre nos poursuites : il est donc indispensable
d'examiner les moyens de contraindre une autorité coupable à comparaître devant les juges pour

répondre aux plaintes des victimes. Tous les citoyens sont indistinctement soumis aux lois et
aux peines qu'elles prononcent. Les formes particulières qui ont été prescrites envers certaines
autorités n'ont pas été créées dans un intérêt
privé, mais dans un intérêt général. Si les agens
du pouvoir n'avaient pas une garantie contre l'ir-
ritation et la malveillance de leurs administrés,
sans cesse on les verrait enlevés à leurs fonctions
par une citation judiciaire, descendre de leurs
siéges pour venir répondre à des accusations sans
fondement. Un plaideur de mauvaise foi trouverait même le moyen d'écarter un juge dont il
redouterait les lumières et l'intégrité. Mais le législateur n'a pas entendu accorder un brevet
d'impunité et de tyrannie à ceux qu'il couvre
seulement de son égide contre des poursuites
haineuses et irréfléchies. Nous allons parcourir
les diverses classes des fonctionnaires et les pri-
viléges attachés à leur qualité.

MINISTRES.

Les ministres sont le pouvoir exécutif; ils
forment le gouvernement. Dans un gouvernement constitutionnel, surtout, ils représentent
la royauté, et en portent toute la responsabilité.

Il n'était donc pas possible de les soumettre à une justice secondaire qui redouterait leurs ressentimens, ou attendrait d'eux des récompenses ; il fallait aussi les mettre à l'abri des inimitiés aveugles et subalternes, qu'il est si facile de soulever contre la puissance. On a pensé qu'il fallait le concours des deux Chambres, l'une pour accuser, l'autre pour rendre le jugement. La poursuite a été fixée par la Constitution même de l'Etat. Autrefois, les articles 55 et 56 de la Charte de 1814 réglaient la matière.

Art. 55. « La Chambre des députés a le droit « d'accuser les ministres, et de les traduire de- « vant la Chambre des pairs, qui seule a celui « de les juger. »

Art. 56. « Ils ne peuvent être accusés que « pour fait de *trahison* ou de *concussion*. Des « lois particulières spécifieront cette nature de « délits, et en détermineront la poursuite. »

Sous l'empire de l'ancienne Charte, les ministres n'étaient donc responsables que d'une trahison ou d'une concussion. Sous l'empire de l'ancienne Charte, des lois particulières devaient nous apprendre tout ce qui, dans les actes et les discours d'un ministre, serait appelé *trahison,* serait appelé *concussion :* ces lois devaient encore créer la procédure. Tant que les cas annon-

6

cés par le législateur n'avaient pas été définis,
tant que la forme n'avait pas été arrêtée, les ministres, dans le silence des lois, étaient donc in-
vulnérables; ils ne pouvaient être traduits en
jugement. Ce principe nous paraît incontestable;
il a été reconnu par la Charte de 1830, car elle
n'a pas reproduit l'article 56. En le faisant dis-
paraître, elle a tranché, ou plutôt elle a jugé la
difficulté. Toute latitude a été accordée pour l'accusation des ministres; ils ont conservé la double
garantie de la Chambre populaire et de la Chambre aristocratique. L'article 55 de la Charte de
1814 a reparu seul et textuellement dans l'article 47 de la Charte de 1830. La Chambre des
députés est désormais investie du droit de poursuivre les ministres pour tous les crimes et délits
prévus par le Code pénal. Les membres du gouvernement rentrent dans la loi commune pour
l'appréciation des faits. Ceux qui se prétendraient
lésés par un ministre, doivent donc aujourd'hui
porter leurs plaintes à la Chambre des députés:
cette voie est ouverte à quiconque a subi un dommage. Si le fait est bien qualifié, si les preuves
sont claires, pourquoi hésiterait-on à se présenter devan le premier tribunal du royaume?

AGENS DU GOUVERNEMENT.

Dans l'ordre administratif, les principaux agens du gouvernement, dont l'autorité abusive ou protectrice se fait le plus immédiatement sentir aux citoyens, sont les préfets, les sous-préfets, les maires et leurs adjoints, les commissaires de police. Toutes les fois qu'ils agissent dans les limites de leurs attributions, ils ne sauraient être cités directement devant les tribunaux. L'autorisation du conseil d'Etat est nécessaire. Mais quand un préfet, un sous-préfet, un maire, un adjoint, un commissaire de police a fait une chose que ses fonctions ne lui donnaient pas le droit de faire, il n'est plus couvert par son titre ; il descend dans la classe des simples particuliers ; il est justiciable des tribunaux , sans autorisation préalable. La raison indique cette distinction, et elle résulte évidemment de l'article 75 de la Constitution même de l'an VIII, derrière lequel se retranchent les puissances administratives.

« Les agens du gouvernement, autres que les « ministres, ne peuvent être poursuivis, *pour des* « *faits relatifs à leurs fonctions,* qu'en vertu « d'une décision du conseil d'Etat. En ce cas, « la poursuite a lieu devant les tribunaux ordi- « naires. »

Ces mots ne laissent aucun doute : *Pour des faits relatifs à leurs fonctions*. Un agent du gouvernement qui sort de ses fonctions que des lois ont déterminées, est aussi hors de la Constitution de l'an VIII.

Un maire, un adjoint et le greffier avaient soustrait ou détruit des registres de l'état civil. Ils furent poursuivis. Ils invoquèrent l'article 75 précité. Voici les motifs que donna la Cour suprême en rejetant cette prétention :

« Les maires et les adjoints ne doivent être « considérés comme agens du gouvernement que « sous le rapport des actes de l'administration, « proprement dite, qui leur est confiée. Ce n'est « qu'à raison *des faits relatifs à leurs fonctions* « *d'administrateurs* qu'ils ne peuvent être pour- « suivis et mis en jugement sans une autorisa- « tion préalable de l'autorité supérieure. Les « fonctions qu'ils remplissent, comme officiers « de l'état civil, ne sont point des fonctions ad- « ministratives; elles en sont pleinement dis- « tinctes, et le conseil d'Etat l'a ainsi reconnu « et déclaré dans son avis du 30 nivose an XII, etc. (9 mars 1814; Denevers, 1815, 1re part., p. 394.)

Un autre arrêt du 12 du même mois avait également décidé que lorsqu'un maire s'était rendu coupable d'un délit, *en agissant comme officier*

de police judiciaire, il pouvait et devait être
poursuivi directement, en la forme prescrite par
les articles 479 et 483 du Code d'instruction criminelle.

La question est donc formellement résolue.

Le magistrat judiciaire est séparé du magistrat administratif. Les fonctionnaires qui réunis-
sent dans leur personne ces deux qualités, ne
sauraient invoquer le privilége de l'administration qu'en prouvant qu'ils ont agi administrati-
vement. Ce que nous venons de dire s'applique
à tous les agens du gouvernement désignés par
l'article 75 de l'Acte constitutionnel du 22 frimaire an VIII, qui les assimile aux administrateurs (1).

On a pensé que les préfets, officiers de police

(1) La garantie actuelle couvre tous les agens du gouvernement,
et notamment les ecclésiastiques, les conseillers d'Etat, les militaires de tout grade en activité de service, les préfets, sous-
préfets, maires et adjoints, les intendans militaires, les intendans
de la marine, les consuls et vice-consuls, le préfet et les commissaires de police, les membres des conseils de révision pour le
recrutement de l'armée, les membres des bureaux de bienfaisance et les administrateurs des hospices, les employés des domaines, des octrois, des monnaies, les préposés à la navigation,
les vérificateurs des poids et mesures, les directeurs, percepteurs,
receveurs particuliers et receveurs généraux des contributions directes, les inspecteurs et directeurs des postes, les gardes forestiers des domaines de l'Etat, de la couronne et des princes apa-
nagés, et jusqu'aux gardes pêche et aux gendarmes, lorsqu'ils

judiciaires et non soumis à la surveillance du procureur-général étaient dans un cas excep-tionnel qui nécessitait l'intervention du conseil d'Etat. Cette doctrine souffre contradiction; mais comme ce point est douteux, et toutes les fois que la qualité dans laquelle a agi le fonctionnaire n'est pas bien déterminée, il est prudent de remplir la formalité de l'autorisation.

C'est le moyen d'éviter des frais et de fausses démarches.

En résumé, les préfets qui auront opéré en dehors de leurs fonctions administratives ou de leurs fonctions judiciaires, pourront être poursuivis directement.

Il en est de même pour les maires et adjoints, les commissaires de police qui auront dépassé

sont prévenus d'avoir commis un délit dans l'exercice de leurs fonctions administratives. (Cormenin, t. 2, p. 529.)

Voir Merlin et Cormenin, aux mots : *Mise en jugement.*

Un gendarme n'a d'autre garantie que celle de l'article 114 du Code pénal; il n'est pas officier de police judiciaire. L'article 75 de la Constitution a entendu désigner une autorité, un fonctionnaire qui prend par lui-même une détermination, et non pas l'homme qui doit toujours obéir, l'homme de la force purement matérielle. Un gendarme n'est pas une autorité; ce n'est qu'un instrument.

Cormenin voudrait, du reste, que la garantie fût enlevée pour tous les agens inférieurs ou supérieurs du gouvernement, autres que les maires et adjoints, préfets et sous-préfets.

leurs fonctions administratives. Le conseil d'Etat reste étranger à tout ce qui concerne leurs fonctions judiciaires.

Les sous-préfets n'étant pas officiers de police judiciaire, s'ils se permettaient de faire ou d'ordonner un acte de cette nature, seraient poursuivis, et poursuivis directement. Ce cas est, dit-on, fort commun; il faut le dénoncer aux tribunaux.

Nous conseillons la poursuite directe contre tous les agens du gouvernement qui commettent un crime ou un délit, et s'éloignent de leurs attributions. Dans chaque affaire où un tribunal et la Cour royale méconnaîtront ce principe, on devra se pourvoir en cassation.

POURSUITES

CONTRE LES MAGISTRATS DE L'ORDRE JUDICIAIRE.

Les magistrats judiciaires n'ont pas été placés sous la protection du conseil d'Etat : une Cour supérieure de justice, des juges d'un rang élevé, chargés de la première instruction et des poursuites, rassurent également le plaignant et le prévenu. Il y a dans les tribunaux des habitudes d'équité qui ne s'effacent jamais. Accoutumés à lire leurs devoirs dans les textes dont ils sont les gardiens, ils méconnaîtraient plus difficilement un fait que la loi aurait clairement qualifié. C'est donc auprès des procureurs-généraux et des Cours royales que devront souvent se réfugier ceux qui auront subi les rigueurs illégales des fonctionnaires. Les dispositions du Code d'instruction criminelle que nous allons citer, sont précises.

Art. 479. « Lorsqu'un juge de paix, un mem-« bre de tribunal correctionnel ou de première « instance, ou un officier chargé du ministère « public près l'un de ces tribunaux, sera prévenu « d'avoir commis, hors de ses fonctions, un dé-« lit emportant une peine correctionnelle, le « procureur-général près la Cour royale le fera « citer devant cette Cour, qui prononcera sans « qu'il puisse y avoir appel. »

Art. 480. « S'il s'agit d'un crime emportant « peine afflictive ou infamante, le procureur-« général près la Cour royale et le premier pré-« sident de cette Cour désigneront, le premier, « le magistrat qui exercera les fonctions d'offi-« cier de police judiciaire; le second, le magis-« trat qui exercera les fonctions de juge d'ins-« truction. »

Art. 481. « Si c'est un membre de Cour royale « ou un officier exerçant près d'elle le ministère « public qui soit prévenu d'avoir commis un

« délit ou un crime hors de ses fonctions, l'offi-
« cier qui aura reçu les dénonciations ou les
« plaintes, sera tenu d'en envoyer de suite des
« copies au grand-juge ministre de la justice, sans
« aucun retard de l'instruction, qui sera conti-
« nuée comme il est précédemment réglé, et il
« adressera pareillement au grand-juge une copie
« des pièces. »

Art. 482. « Le grand-juge transmettra les piè-
« ces à la Cour de cassation, qui renverra l'af-
« faire, s'il y a lieu, soit à un tribunal de police
« correctionnelle, soit à un juge d'instruction,
« pris l'un et l'autre hors du ressort de la Cour
« à laquelle appartient le membre inculpé.

« S'il s'agit de prononcer la mise en accusa-
« tion, le renvoi sera fait à une autre Cour royale. »

Art. 483. « Lorsqu'un juge de paix ou de po-
« lice, ou un juge faisant partie d'un tribunal de
« commerce, un officier de police judiciaire, un
« membre de tribunal correctionnel ou de pre-
« mière instance, ou un officier chargé du mi-
« nistère public près l'un de ces juges ou tribu-
« naux, sera prévenu d'avoir commis, dans
« l'exercice de ses fonctions, un délit emportant
« une peine correctionnelle, ce délit sera pour-
« suivi et jugé comme il est dit à l'article 479. »

Art. 484. « Lorsque des fonctionnaires de la

« qualité exprimée en l'article précédent seront
« prévenus d'avoir commis un crime emportant
« la peine de forfaiture ou autre plus grave, les
« fonctions ordinairement dévolues au juge d'ins-
« truction et au procureur du roi seront immé-
« diatement remplies par le premier président et
« le procureur-général près la Cour royale, cha-
« cun en ce qui le concerne, ou par tels autres
« officiers qu'ils auront respectivement et spécia-
« lement désignés à cet effet.

« Jusqu'à cette délégation, et dans le cas où il
« existerait un corps de délit, il pourra être cons-
« taté par tout officier de police judiciaire; et
« pour le surplus de la procédure, on suivra les
« dispositions générales du présent Code. »

Art. 485. « Lorsque le crime commis dans
« l'exercice des fonctions et emportant la peine
« de forfaiture ou autre plus grave, sera imputé,
« soit à un tribunal entier de commerce, correc-
« tionnel ou de première instance, soit indivi-
« duellement à un ou à plusieurs membres des
« Cours royales, et aux procureurs-généraux et
« substituts près ces Cours, il sera procédé comme
« il suit. »

Art. 486. « Le crime sera dénoncé au grand-
« juge ministre de la justice, qui donnera, s'il
« y a lieu, ordre au procureur-général près la

« Cour de cassation de le poursuivre sur la dé-
« nonciation.

« Le crime pourra aussi être dénoncé directe-
« ment à la Cour de cassation par les personnes
« qui se prétendront lésées, mais seulement lors-
« qu'elles demanderont à prendre le tribunal ou
« le juge à partie, ou lorsque la dénonciation
« sera incidente à une affaire pendante à la Cour
« de cassation. »

Art. 487. « Si le procureur-général près la
« Cour de Cassation ne trouve pas, dans les piè-
« ces à lui transmises par le grand-juge, ou pro-
« duites par les parties, tous les renseignemens
« qu'il jugera nécessaires, il sera, sur son réqui-
« sitoire, désigné par le premier président de
« cette Cour, un de ses membres pour l'audition
« des témoins, et tous autres actes d'instruction
« qu'il peut y avoir lieu de faire dans les villes
« où siége la Cour de cassation. »

Art. 488. « Lorsqu'il y aura des témoins à en-
« tendre ou des actes d'instruction à faire hors
« de la ville où siège la Cour de cassation, le
« premier président de cette Cour fera à ce sujet
« toutes délégations nécessaires à un juge d'ins-
« truction, même d'un département ou d'un ar-
« rondissement autres que ceux du tribunal ou
« du juge prévenu. »

Art. 489. « Après avoir entendu les témoins
« et terminé l'instruction qui lui aura été délé-
« guée, le juge d'instruction mentionné en l'ar-
« ticle précédent renverra les procès-verbaux et
« les autres actes clos et cachetés au premier
« président de la Cour de cassation. »

Art. 490. « Sur le vu, soit des pièces qui au-
« ront été transmises par le grand-juge ou pro-
« duites par les parties, soit des renseignemens
« ultérieurs qu'il se sera procurés, le premier
« président décernera, s'il y a lieu, le mandat
« de dépôt.

« Ce mandat désignera la maison d'arrêt dans
« laquelle le prévenu devra être déposé. »

· Art. 491. « Le premier président de la Cour
« de cassation ordonnera de suite la communi-
« cation de la procédure au procureur-général,
« qui, dans les cinq jours suivans, adressera à la
« section des requêtes son réquisitoire contenant
« la dénonciation du prévenu. »

Art. 492. « Soit que la dénonciation portée à
« la section des requêtes ait été ou non précédée
« d'un mandat de dépôt, cette section y statuera,
« toutes affaires cessantes.

« Si elle la rejette, elle ordonnera la mise en
« liberté du prévenu.

« Si elle l'admet, elle renverra le tribunal ou

« le juge prévenu devant les juges de la section
« civile, qui prononceront sur la mise en accu-
« sation. »

Art. 493. « La dénonciation incidente à une
« affaire pendante à la Cour de cassation sera
« portée devant la section saisie de l'affaire; et
« si elle est admise, elle sera renvoyée de la sec-
« tion criminelle ou de celle des requêtes à la
« section civile, et de la section civile à celle
« des requêtes. »

Art. 494. « Lorsque, dans l'examen d'une de-
« mande en prise à partie ou de toute autre af-
« faire, et sans qu'il y ait de dénonciation di-
« recte ni incidente, l'une des sections de la
« Cour de cassation apercevra quelque délit de
« nature à faire poursuivre criminellement un
« tribunal ou un juge de la qualité exprimée en
« l'article 479, elle pourra d'office ordonner le
« renvoi, conformément à l'article précédent. »

Art. 495. « Lorsque l'examen d'une affaire
« portée devant les sections réunies donnera lieu
« au renvoi d'office exprimé dans l'article qui
« précède, ce renvoi sera fait à la section civile. »

Art. 496. « Dans tous les cas, la section à
« laquelle sera fait le renvoi sur dénonciation
« ou d'office, prononcera sur la mise en accu-
« sation.

« Son président remplira les fonctions que la
« loi attribue aux juges d'instruction. »

Art. 497. « Ce président pourra déléguer l'au-
« dition des témoins et l'interrogatoire des pré-
« venus à un autre juge d'instruction, pris même
« hors de l'arrondissement et du département où
« se trouvera le prévenu. »

Art. 498. « Le mandat d'arrêt que délivrera le
« président désignera la maison d'arrêt dans la-
« quelle le prévenu devra être conduit. »

Art. 499. « La section de la Cour de cassa-
« tion, saisie de l'affaire, délibérera sur la mise
« en accusation en séance non publique : les ju-
« ges devront être en nombre impair.

« Si la majorité des juges trouve que la mise
« en accusation ne doit pas avoir lieu, la dénon-
« ciation sera rejetée par un arrêt, et le procu-
« reur-général fera mettre le prévenu en liberté. »

Art. 500. « Si la majorité des juges est pour
« la mise en accusation, cette mise en accusation
« sera prononcée par un arrêt, qui portera en
« même temps ordonnance de prise de corps.

« En exécution de cet arrêt, l'accusé sera
« transféré dans la maison de justice de la Cour
« d'assises qui sera désignée par celle de cassa-
« tion, dans l'arrêt même. »

Art. 501. « L'instruction ainsi faite devant la

« Cour de cassation, ne pourra être attaquée
« quant à la forme.

· « Elle sera commune aux complices du tribu-
« nal ou du juge poursuivi, lors même qu'ils
« n'exerceraient point de fonctions judiciaires. »

Art. 504. « Lorsqu'il se trouvera, dans la sec-
« tion criminelle saisie du recours en cassation
« dirigé contre l'arrêt de la Cour d'assises à la-
« quelle l'affaire aura été renvoyée, des juges qui
« auront concouru à la mise en accusation dans
« l'une des autres sections, ils s'abstiendront.

· « Et néanmoins, dans le cas d'un second re-
« cours qui donnera lieu à la réunion des sec-
« tions, tous les juges en pourront connaître. »

L'article 10 de la loi du 20 avril 1810 a réglé la compétence du tribunal pour certaines
personnes :

« Lorsque les grands-officiers de la Légion-
« d'Honneur, les généraux commandant une di-
« vision ou un département, des archevéques ;
« des évêques, des présidens de consistoire, des
« membres de la Cour de cassation, de la Cour
« des comptes et des Cours royales, et des pré-
« fets, seront prévenus de délits de police cor-
« rectionnelle, les Cours royales en connaîtront
« de la manière prescrite par l'article 479 du
« Code d'instruction criminelle. »

Il n'est pas possible de tout prévoir, de tout énumérer dans une instruction déjà fort étendue. Nous avons voulu résoudre les questions qui se présentent le plus fréquemment.

Conclusion. Nous savons que le peu de succès des requêtes portées au conseil d'Etat retient bien des plaintes, soutient les ambitieux qui songent plus à montrer leur zèle que leur impartialité, et consacre en quelque sorte de criantes injustices. Nous savons encore que la publicité introduite dans le conseil d'Etat, par l'ordonnance royale du 2 février 1831, est illusoire. Pour la première fois, les portes de l'administration souveraine semblent s'ouvrir au public. Les avocats seront admis, et avec eux l'indépendance. Les déceptions disparaissent bientôt devant la vérité. Cette publicité, proclamée à grand bruit, n'est concédée qu'aux affaires contentieuses, aux débats purement civils, les discussions sur un fossé douteux, ou relatives à un grand chemin, sont livrées à un auditoire. Les procès qui s'agitent sur la liberté individuelle, sur les empiétemens du pouvoir, sur les actes qui blessent tous les citoyens, restent ensevelis dans les mystères et les profondeurs du palais. Telles sont les conséquences et les grandes concessions de juillet. Nous recommandons la lecture de l'ordonnance du 12 mars 1831, qui commente, modifie, rapporte l'ordonnance du 2 février. Ces rapprochemens sont curieux. Malgré les nombreux obstacles, le seul moyen de faire cesser les abus et les persécutions, c'est de les dénoncer avec courage.

La résignation est souvent une faiblesse; elle devient même coupable. Le silence de la victime enhardit l'arbitraire. La publicité est un frein pour ceux qui n'ont pas dépouillé toute pudeur. Que le bruit d'une mauvaise action fatigue et retienne désormais celui qui l'a commise. Il y a dans tous les cœurs des sentimens nobles que n'éteint pas la violence des partis. La raison et la justice publique parlent plus haut que les passions; tôt ou tard elles flétrissent l'oppresseur et relèvent l'opprimé. Malgré nos préventions, adressons-nous au pouvoir; le rejet d'une plainte, d'ailleurs, n'est pas le rejet de celle qui suivra : chaque affaire a ses motifs particuliers de décision. Signalons, non dans un esprit hostile, mais dans un esprit d'équité, toutes les infractions coupables aux lois; marchons avec modération, avec fermeté, et surtout avec une grande persévérance dans une route qui n'est périlleuse que pour les ennemis du bien public. Que de tous les points du royaume s'élèvent des voix généreuses. Que chaque fait contraire aux droits des citoyens, nuisible à leur fortune, funeste à leur liberté, soit immédiatement discuté, dénoncé à l'autorité supérieure. Que partout, enfin, un acte inique rencontre un légitime adversaire. M. Périer nous apprend que dans tout le royaume existe une classe d'hommes qui ne doit s'attendre qu'à *la plus stricte justice :* c'est celle-là que nous réclamons; et nous la réclamons pour tous indistinctement. Nous ne craignons pas les dénis de justice, nous serons jugés par la France.

FIN.

PARIS. — IMPRIM.-LIB. DE G.-A. DENTU, rue de Colombier, n° 21.

www.ingramcontent.com/pod-product-compliance
Lightning Source LLC
Chambersburg PA
CBHW071525200326
41519CB00019B/6072